U0129289

理存事中・時習致用

—顏習齋哲學思想的展現與落實

汪 文 祺 著

文史哲出版社印行

國家圖書館出版品預行編目資料

理存事中・時習致用：顏習齋哲學思想的展
現與落實 / 汪文祺著. --初版 -- 臺北市：
　文史哲, 民 105.07 頁：公分
　參考書目
　ISBN 978-986-314-310-9（平裝）

1.（清）顏元　2.學術思想　3.哲學

127.2　　　　　　　　　　　　105013181

理存事中・時習致用
─ 顏習齋哲學思想的展現與落實

著　　　者：汪　　　　文　　　　祺
出　版　者：文　史　哲　出　版　社
　　　　　　http://www.lapen.com.tw
　　　　　　e-mail：lapen@ms74.hinet.net
登記證字號：行政院新聞局版臺業字五三三七號
發　行　人：彭　　　　正　　　　雄
發　行　所：文　史　哲　出　版　社
印　刷　者：文　史　哲　出　版　社
　　　　　　臺北市羅斯福路一段七十二巷四號
　　　　　　郵政劃撥帳號：一六一八○一七五
　　　　　　電話886-2-23511028・傳真886-2-23965656

定價新臺幣二六○元

2016 年（民一○五）七月初版

自　序

　　徐復觀先生在《中國思想史論集》中說到：「治思想史的人，先由文字實物的具體，以走向思想的抽象，再由思想的抽象以走向人生、時代的具體。經過此種層層研究，然後其人其書，將重新活躍於我們的心目之上，活躍於我們的時代之中。我們不僅是在讀古人的書，而是在與古人對語。孟子所謂『以意逆志』，莊生所謂得魚忘筌、得兔忘蹄、得意忘言，此乃真是九原可作，而治思想史之能事畢矣。」一個思想中，有些成分會隨時代而共朽，有些成分卻歷萬古而常新，正因如此，現代人的心靈，還可以捕捉千百年前的智慧，彼此有所感通。

　　顏習齋（西元一六三五～一七○四年）為明末清初時期的思想家。明清之際的學者，由於目睹亡國之禍，有感於王學末流之弊，多提倡經世致用的學說，顏習齋即認為空談心性的宋明理學極不可取，是以「崇實」為其招牌，注重躬行踐履，而提出「實學、實用、習行」的主張。其思想學說雖不弘大，但在明末清初思想潮流轉變時期，實有推波助瀾之功，而且在顏習齋的身上早已反映出後來清代學術所呈顯之反理學、重經世事功、崇古取向等特色。

　　因此，在明末清初的思想家之中，顏習齋實是相當特殊的人物，其雖以反宋明理學為號召，然揭示其思想內涵，實際上，其學說精神並未完全脫離宋明理學的矩矱；而其經世致用、篤實踐履、以禮為尊的思想特質，更直指出清初學術發展的新方向。職是之故，顏習齋可說是在宋明理學道德心性的舊命題之上，建立了一個新的架構：以人倫日用的道德踐履替代性理天命的形上體悟，將經世濟民的社會實踐涵納於個人德性的修養鍛鍊裡，以改過修慝的道德實踐補充內在心靈的主觀涵養，以具體有徵的禮容修持取代虛浮無用的性理解悟，試圖為新的歷史課題及社會狀況，尋得一個因應與解決的方式。所以，顏習齋強調：「功名之事，皆性命之事」，「蓋性命之說渺茫，不如實行之有確據也。實行敦，而性命自在其中」，將心性與事功、道德與實踐全部融匯為一，自個人的成德之學導向關懷天下的社會實踐，從自我道德的主觀內省導向客觀具體的禮儀容止、日譜改過的實踐工程，構築一條使「道德實踐」與「事功創建」皆能獲致實現的道路。

　　顏習齋的學說，經過其弟子，尤其是李恕谷的宣揚，在康熙末、雍正初年間，曾有較廣大的流傳，當時的記載反映了這種情況，如方苞說顏學「發揚震動於時」，「立程朱為鵠的，同心於破之，浮夸之士皆心醉焉」。同治年間，戴望因機緣得見先祖所遺的顏氏書，後又得習齋弟子王源所著的〈顏先生傳〉：「驚嘆以為顏李之

學，周公孔子之道也」，因而立志為顏習齋編寫學記，以條其言行及授受源流，傳諸後世。但戴望所藏的書，不幸因喪亂而毀。直至近代，若干思想家如梁啟超、胡適、章太炎、錢穆等人，極為推崇顏李思想，使顏習齋成為清初思想家中，不可或缺的重要人物。

現代學者賦予顏習齋多元風貌，或研究其實學主張，或討論其教育學說，或闡述其經世思想，然顏習齋的生命型態與哲學思想所顯現的實用意義，仍未得到適切的定位。本書主要探述顏習齋的哲學思想，在當時經世學說盛行的狀況下，發揮了什麼作用；再評述其思想的價值與缺失，並對其不足之處予以詮解，進而探討其實質意義，使顏學呈現更完整的面貌。

生命的嬗變劫毀雖屬必然，王德威先生曾論及 沈從文在〈抽象的抒情〉一文中所言：「惟轉化為文字，為形象，為音符，為節奏，可望將生命某一種形式，某一種狀態，凝固下來，形成生命另一種存在和延續，通過長長的時間，通過遙遠的空間，讓另外一時一地生存的人，彼此生命流注，無有阻隔。」是從文學和藝術形式留駐生命的吉光片羽，然而哲學思想，亦復如是。

本書撰述，雖秉持實事求是之精神，期能無過譽，不妄毀，然限於才識，取捨論斷之間，難免乖舛疏漏，敬祈 博雅君子，不吝賜教。

中華民國一〇五年五月
汪文祺序於國立臺灣師範大學

理存事中・時習致用
—— 顏習齋哲學思想的展現與落實

目　　次

第一章 顏習齋生平與學術歷程

　　一個人思想的形成，往往與其成長背景和人生境遇有著密切關係，因此，在考察顏習齋的哲學思想之前，自應就其生平經歷作一概要了解。經由對顏習齋成長與學習歷程的掌握，方能進一步鉤抉出其哲學思想的成因。

第一節　生平傳略[1]

　　顏元，河北博野人，初名邦良，三十七歲易名元[2]，字易直，又字渾然，因倡習行學說，書屋名曰「習齋」，故世人尊稱其為習齋先生。生於明崇禎八年（西元一六三五年），卒於清康熙四十三年（西元一七○四年），年七十，為明末清初著名的思想家。

1　本節所述顏習齋生平大抵依據李恕谷、王源所撰《年譜》、戴望所編《顏氏學記》，並參酌陳登原《顏習齋哲學思想述》、張西堂《顏習齋學譜》、楊衛中〈顏習齋研究〉等資料而成。
2　根據《顏元年譜》卷上「辛亥三十七歲」條：「是時，先生易名元。元、園同聲，先生念初生名園，父知之也。」《顏元年譜》，李恕谷纂，王源訂，本文採用陳祖武點校本（北京：中華書局，一九九二年一月初版），以下簡稱《年譜》，不再另加註解。

　　顏習齋的父親顏昶，本是直隸（今河北）博野北楊村人，因家貧無立錐之地，只好過繼蠡縣（今屬河北）劉村朱九祚為養子，改姓為朱。朱昶，「形貌豐厚，性樸誠，膂力過人，愛與人較跌，善植樹」[3]。朱昶在朱家受到歧視和虐待，憤懣抑鬱，萌生逃離念頭。崇禎十一年（西元一六三八年），清兵至蠡縣，朱昶乘機隨軍遠去關東，自此音訊耗絕，時顏習齋四歲。生母王氏，於習齋十二歲時改嫁，從此習齋與養祖父母相依為命。

　　八歲時，拜師吳洞雲，「洞雲，名持明，能騎、射、劍、戟，慨明季國事日靡，潛心百戰神機，參以己意，條類攻戰守宜二帙，時不能用，以醫隱。又長術數，多奇中」[4]，對少年時期的顏習齋影響很大。顏習齋初隨吳氏學習煉丹之法，沈迷神仙導引之術，其後知曉神仙之虛妄，乃折節為學，師從賈端惠。十五歲，與蠡縣道標巡捕官張宏文養女結婚。十九歲時，朱翁被控潛遁，習齋代為受訊。訟案結束，家道中落，顏習齋身負家計，耕田灌園，勞苦淬礪。

　　朱翁的側室楊氏，生子名晃，小習齋十歲。楊氏母子對習齋屢有閒言，於是習齋與養祖母別居東舍，田產盡讓於晃，但事親如常。三十四歲時，朱媼病故，習齋恪守朱子家禮，哀傷過甚，幾至於死。鄰人老翁憐之，告以身世實情。習齋往問嫁母，始信為真。三十九歲，

---

3 見《年譜》卷上「乙亥三月十一日卯時先生生」條，頁 1。
4 見《年譜》卷上「壬午八歲」條，頁 3。

朱翁去世，回博野縣北楊村，復姓顏氏。四十歲時，東出尋父，正值三藩叛變，塞外騷動，遼左戒嚴，因而不得前往。五十歲時，隻身赴關東尋父，歷時二年，輾轉周折。然而其父已於康熙十一年（西元一六七二年）逝世，葬於瀋陽附近韓英屯，因此只能招魂題主，負骨歸葬。

習齋五十七歲時，南遊中州，歷時八月，拜訪河南諸儒[5]，宣傳實學，提倡教習，信者甚眾。六十二歲時，應肥鄉郝文燦三次聘請，主持漳南書院，規模甚宏。後因漳水氾濫，書院淹沒，於是辭教歸里，鄉居八年，不復出遊。康熙四十三年七月，舊疾復發，於九月二日酉時逝世。

習齋天性純孝，奉事養祖父母至孝，隨欲敬進，雖勞不怨。朱翁病，習齋禱告於醫神先祠，服侍藥餌飲食，竭力以敬；朱媼病逝，習齋代父承重三年服，三日不食，必哭盡哀。習齋五十歲時，赴關東尋父，歷盡艱辛，奉神主歸鄉，自此之後，寢苫枕塊，不食甘旨；嫁母居隨東，家貧，習齋時時慰問周濟，生病時亦侍奉在側。凡此可見習齋的孝心。

習齋律己甚嚴，每遇元旦，即寫一年的常儀常功於日記之首，逐年酌定，並於日記額書「苟日新，日日新，

---

5 《年譜》卷下「辛未五十七歲」條：「三月南遊中州，五月至河南開封府張醫卜肆以閱人。閏七月，抵上蔡訪張仲誠。八月至商水，拜李子青。九月偕王次亭昆仲習冠燕諸禮。」頁 74-75。

又日新」。每月初一則寫：「操存涵養省察，務相濟如環，遷善改過，必剛而速，勿片刻躊躇。」[6]又曾與好友王法乾相約十日一會，討論學問，勸善規過。書寫日記，時時勘心，纖過不遺；平日趨善如流，改過不吝，王法乾和門人李恕谷時常規勸其過，無不誠心接納。又自知有驕浮之偏性，極力以謙抑自我修持。由此可見習齋的品行。

在治學方面，習齋學以致用，思以濟世。教育學生要「持身莊竦，力斷文墨，愛惜精神，留心人才，佐政仁廉，足民食用，特簡武壯，不問小過，出入必慎，交遊勿濫」[7]。自己則是「思生存一日，當為生民辦一事」[8]，一生孜孜於昌明周孔實學，努力習行，臨終前叮囑門人：「天下事尚可為，汝等當積學待用。」[9]習齋心志，由此可知。

習齋崇尚實學，以為紙上文字，無益實用，因此著作甚少，現存者除《存治編》、《存性編》、《存學編》、《存人編》外，還有《四書正誤》、《朱子語類評》、《禮文手鈔》等，另有門人編纂的《顏習齋先生言行錄》、《顏習齋先生闢異錄》、《習齋記餘》等[10]。顏習齋的

6　見《年譜》卷上「乙巳三十一歲」條，頁 16。
7　見《年譜》卷下「甲申七十歲」條，頁 103。本段文字為顏習齋對弟子李塨教誨之言。
8　見《年譜》卷下「甲申七十歲」條，頁 102。
9　見《年譜》卷下「甲申七十歲」條，頁 104。
10 有關顏習齋的著述，可參見張西堂：《顏習齋學譜‧著述考》（台北：明文書局，民國八十三年三月），頁 187。

弟子鍾錂曾說：「先生發明正學，矢口搦管，皆以文載道，非沈溺雕蟲也。」[11]因此想要了解顏習齋的思想，少量的著述更顯珍貴。

第二節　成學歷程

　　除了先天氣稟材質之外，一個人的學習過程對其觀念和思想的建立，必有潛移默化的影響。本節重點就是要探討顏氏之學由啟蒙、奠基、轉折，而成一家之言的學習歷程。

　　顏習齋的成學歷程，思想發展，大致可分為四個階段。

一、初學階段

　　顏習齋幼時天資聰穎，興趣廣泛，從小所學甚為廣雜，李塨為習齋編纂年譜時曾說：「先生之學，自蒙養時即不同也。」八歲從學於吳洞雲。吳洞雲能騎射劍戟，通曉韜略、醫術，為習齋日後學醫、學兵法、技擊等等，奠定了深厚的基礎。習齋十一歲學時文；十四歲看《寇氏丹法》，學運氣術；十五歲學仙，娶妻不近；十六歲，

---

11 見鍾錂所編：《習齋記餘》，收入《顏李叢書》（台北：廣文書局，民國五十四年十月初版，七十八年十一月再版）第一冊，頁255-342。本文所引為鍾錂〈敘〉，見頁255。

知仙不可學，乃諧琴瑟；十九歲從賈端惠學，習染頓洗；二十歲從鄉人彭恆齋研究天象、地理及兵略；二十一歲閱《通鑑》，絕意青紫；二十二歲學醫；二十三歲讀七家兵書，學習兵法。

這一階段的學習，雖雜而無主，卻可看出顏習齋對各種事物的身體力行，實際練習，所學所論皆以實用為主，術德兼修，而不只是用心於書本，與習齋日後提倡習行六藝，文武兼重的主張，有密切的關係。

二、出入理學

顏習齋原以為「甘食服粗，勞身以事親，不墜貪污窘窘，即人矣」，「博古今，曉興廢邪正，即人矣」[12]，並不知世有道學之名。二十四歲時，開設家塾，教授生徒，定名「思古齋」，自號「思古人」。有感於宋儒外王經世之功不足，作《王道論》[13]，主張恢復井田、封建、學校、鄉舉等制度，認為「不法三代，終苟道也」[14]，因此欲直追三代，而求經世致用之學。後來得《陸王要語》，非常喜歡，認為陸王之學是人生的「開匣劍」[15]，

---

12 見《習齋記餘》卷一〈未墜集序〉，《顏李叢書》第一冊，頁 260。
13 《年譜》卷上「戊戌二十四歲」條：「作《王道論》，後更名《存治編》。」全書一卷，為顏習齋的經世思想和政治主張。內容較簡陋，其弟子李恕谷著〈瘳忘編〉、張文升著〈存治翼編〉以補其不足。
14 見《年譜》卷上「戊戌二十四歲」條，頁 6。
15 根據《年譜》記載，顏習齋二十五歲時作〈大盒歌〉，略曰：「盒誠大兮誠大盒，大盒中兮生意多。此中釀成盤古味，此中翻為叔季波。興亡多少藏盒內，高山拍掌士幾何。此處就有開匣劍，出脫匣外我婆娑。」

人生之道、人生之學皆在於此。顏習齋學宗陸王的時間雖短，其後對陽明也大肆抨擊，然而陸王之學對習齋日後的思想發展不無影響。

二十六歲時，顏習齋得《性理大全》，知悉周敦頤、二程、張載、朱熹等人的學說，認為較陸王二子之說純粹切實，轉而以為聖人之道當在於此，而由陸王折入程朱。習齋曾自述其學：

> 予初從陸王入手，繼見《性理》，周、程、張、朱之書，又交先生（习文孝），遂專主程朱。莫謂聞詆毀伊川、晦庵者怫然怒，但聞朱陸互有長短者亦怫然怒。嘗稱周元公真聖人，朱文公真聖人，不惟舉諸口，亦已筆之書。迨讀《朱子語錄》，有云江西頓悟，同甫事功，斷卻兩路，方可入道。遂疑二子必是異端，此時雖有以二家書進者，必擯而不觀矣。（《習齋記餘》卷六〈讀习文孝用六集十二卷評語〉「朱陸三則」）

由習齋的自述，可見其接觸理學是先從陸王入手，而後及於程朱。進退起居，吉凶賓嘉，必奉朱子《家禮》為矩矱，人或有一言疑論程朱諸子，則忿然力辯。此時習齋篤信程朱，屹然以道自任。

顏習齋對於宋明理學行之甚篤，每讀書必端坐，定日功；若遇有事，則寧缺讀書，不缺靜坐與抄家禮，認

為「靜坐為存養之要，家禮為躬行之急」[16]。三十一歲時，呂文甫言朱子《四書集註》有支離處，當時顏習齋尊崇程朱之學，並不以為然。

這一階段對於顏習齋所以成學，實有著重大影響。此時顏習齋傾心程朱，於程朱操存、涵養、省察之道，都有深切的體驗，正因為經過親身體驗，接觸理學，奠定其日後批駁程朱的基礎。

三、思想轉變

顏習齋三十一歲時，曾對王法乾說：「六藝惟樂無傳，御非急用，禮樂書數宜學，若但窮經明理，恐成無用學究。」[17]李恕谷認為習齋此時「正學已露端倪」[18]。三十二歲時，習齋研思孔孟之道，與呂文甫論經濟之學，認為孔孟之道不以禮樂，便不能化導萬世。三十三歲時，「辯性善、理氣一致」，認為「宋儒之論不及孟子」[19]，其實這一看法張石卿於顏習齋三十一歲時即提過[20]，但當時習齋篤信程朱，並不認同。

三十四歲時，顏習齋的養祖母朱媼去世，代父守喪

---

16 見《年譜》卷上「甲辰三十歲」條，頁 14。
17 見《年譜》卷上「乙巳三十一歲」條，頁 19。
18 見《年譜》卷上「乙巳三十一歲」條，頁 19。
19 見《年譜》卷上「丁未三十三歲」條，頁 21。
20 根據《年譜》記載，顏習齋三十一歲時，往見張石卿。石卿說：「性皆善，而有偏全厚薄不同，故曰「相近」。義理即寓於氣質，不可從宋儒分為二。

期間，奉守朱子《家禮》，覺得有許多違情悖理之處[21]。
重新檢視古禮，此時也認識到周公之六德、六行、六藝，
及孔子之四教，才是正學；而靜坐讀書，是程朱陸王受
禪學、俗學的影響，並非為學正務。習齋曾追述當時的
心境說：

> 元平日之篤信兩派先生也如此，受教沐澤於兩派
> 先生也如此。將謂叛其道也，敢乎哉！將謂反操
> 戈也，忍乎哉！第自三十四歲，遭恩先祖母大故，
> 一一式遵文公《家禮》，頗覺有違於性情。已而
> 讀周公禮，始知其刪修失當也。及哀殺，檢性理，
> 乃知靜坐講學，非孔子學，宗氣質之性，非性善
> 本旨。朱學蓋已摻染佛氏，不止陸王也；陸氏亦
> 近支離，不止朱學也。（《習齋記餘》卷六〈王
> 學質疑跋〉）

　　這段時期，不僅是習齋得知身世歸宗的關鍵，也是
一生學術思想的轉捩點。經過切身體驗，調整所學，「自
此毅然以明行周孔之道為己任，盡脫宋明諸儒之習襲，
而從事全體大用之學」[22]。

---

21 有關顏習齋守喪盡禮，悟朱子家禮有違性情一事，可參見《年譜》
　　卷上「戊申三十四歲」條，頁 22-23；戴望：《顏氏學記》卷一〈處
　　士顏先生元〉，頁 2。
22 此為王源按語，見《年譜》卷上「戊申三十四歲」條，頁 23。

四、自成家言

　　顏習齋起初接觸理學，信之甚篤，期能由默坐澄心中，明性見道。三十四歲居喪期間，體認到理學的違情悖性，而對程朱之學產生懷疑，加以反省思考，進而回到日常生活中，強調以實用為主的各種知識技能之學。三十五歲時著《存性編》[23]，根據孟子性善學說，指斥宋儒氣質不善之說；又著《存學編》[24]，說明周官取士以六德、六行、六藝，孔門教人以禮樂兵農，藉此闡明周孔正學。習齋又認為「思不如學」，「學必以習」，而將「思古齋」改為「習齋」，他的弟子鍾錂說：

> 齋以習名者何？藥世也。藥世者何？世儒口頭見道，筆頭見道，顏子矯枉救失，遵《論語》開章之義，尚習也。（《習齋記餘‧敘》）

　　這一時期，顏習齋大力倡導實學，教授門徒，皆以學習禮樂書數，研究兵農水火諸學為要務。本身治學，自靜而折入動，三十五歲時學習算術、冠禮；三十六歲時習書法、射箭、拳法及歌舞；三十七歲時習士相見禮

23　《年譜》卷上「己酉三十五歲」條：「正月著《存性編》。」全書共二卷，為顏習齋的著作中最富哲學意味者。

24　是書著於三十五歲十一月，見《年譜》卷上「己酉三十五歲」條，頁 23。

和祭禮，又向王法乾學琴，以其皆為有用，皆不離實際
生活的需要。三十八歲時上太倉陸世儀書[25]，對周孔以
降二千年的學術一壁推倒，也申明《存性編》和《存學
編》二編的大旨。顏習齋認為學必得之於習行必驗之於
事功的思想，至此已漸趨成熟。

習齋四十四歲時，認為「程朱道行，無臣無子」[26]；
四十八歲時，根據早年著作《存治編》「靖異端」之要
旨，撰寫《喚迷途》[27]，以召喚僧道及惑於佛老之儒者
遵從儒道。

五十七歲出遊，拜訪諸儒，論學辨道，聲名日盛。
南遊中州歸來，曾對其弟子李恕谷說：

> 然予未南遊時，尚有將就程朱，附之聖門支派之
> 意。自一南遊，見人人禪子，家家虛文，直與孔
> 門敵對。必破一分程朱，始入一分孔孟，乃定以
> 為孔孟、程朱判然兩途，不願作道統中鄉愿矣。

25 見《習齋記餘》卷三〈上太倉陸桴亭先生書〉，〈顏李叢書〉第一
　　冊，頁 273-274。陸世儀，字道威，號桴亭，太倉人，治理學，
　　著有《思辨錄》。
26 根據《年譜》記載，海剛峰說：「今日之信程朱，猶戰國之信楊墨。」
　　而顏習齋進一步說：「楊墨道行，無君無父；程朱道行，無臣無子。
　　試觀今日臣子，其有以學術致君父之安，救君父之危者幾人乎！」
　　見《年譜》卷上「戊什四十四歲」條，頁 48。
27 是書著於顏習齋四十八歲七月，共四卷，卷一、卷二為〈喚迷途〉；
　　卷三為〈明太祖高皇帝釋迦佛贊解〉，據《年譜》記載，此為四十
　　七歲所作；卷四為〈東鹿張鼎彝毀念佛堂議〉，則為五十歲所作。
　　是書後改名《存人編》。

（《年譜》卷下「壬申五十八歲」條）

　　可見南遊之舉，使習齋之學更加堅定[28]。至此，顏習齋的學術思想已成一完整體系，而成一家之言[29]。

　　六十二歲時，顏習齋應肥鄉郝文燦之聘，主持漳南書院，立下規模，分設文事、武備、經史、藝能四齋[30]；另將靜坐、八股舉業、程朱之學陳列出來，作為殷鑒；務習技藝，分科專精，特重生活教育。由漳南書院的規畫及設教內容，不難看出習齋以實用為宗的治學理念，更可視為其思想體系的展現。

　　綜上所述，可知顏習齋一生的學術思想，隨其認識的發展，而發生幾次轉變，早年學無專攻，歷經出入理學階段的吸收融化，再因戊申遭喪的躬行領悟，深覺宋明理學之非，而致力於周孔正學。顏習齋對於宋明理學的弊端，進行了徹底的批判和痛斥，提出以動態的習行代替靜態的把持死寂，以有用無用判定事物的是非得

28　《習齋記餘》卷三〈寄桐鄉錢生曉城〉一文中，也提到：「辛未之歲，不惜衰萎，決計出遊。欲由中豫繞雍揚轉青徐，而求師尋友，庶幾有如伊孟文忠者。……乃盤桓中州八閱月，二千餘里，所見如張起庵師弟、孫徵君、周鐵邱、雲骨子諸翁之門人，所聞如耿逸庵、李中孚、俞春山，大抵皆宋人之學，而更不及仁義真充塞矣，非罷口敝舌，辯開一分宋學，孔道一分不入。」顏習齋之所以成一家之言，辛未中州之遊，極為關鍵。

29　陳登原說：「習齋主習主實之學，自當以中州遊歸時，為完成之期。」詳見陳登原：《顏習齋哲學思想述》（上海：東方出版中心，民國八十五年二月二版），頁 43。

30　有關書院規模，參見《習齋記餘》卷二〈漳南書院記〉，《顏李叢書》第一冊，頁 276。

失，尚習行，求致用，講功效，建立了重踐履的經世致
用學術思想。

第三節　思想成因

　　顏習齋的思想學說，雖無直接師承，仍有其淵源脈
絡可尋，或受時代環境的衝擊激盪，或承前人學說而引
申開展，或受時人思想的影響啟發。根據顏習齋的思想
內容與他自己的敘述，可進一步從中鉤抉出其思想成因。

一、時勢環境的衝擊

　　學說的產生，往往有其相激相盪的時代背景，而立
足於具體的歷史環境，是可以把握學術消息的。顏習齋
為明末清初的人物，當時的政治環境與學術風氣，自會
對其學說的建立有所影響。

　　由於清以異族入主中國，給予向來關心國家興亡，
以天下為己任的知識分子以極大的震撼。文人學者如顧
亭林、黃梨洲、王船山等人，原本有志於匡復明室，後
知事不可為，走向著述明志，無論黃梨洲的《明夷待訪
錄》，還是顧亭林的《日知錄》、王船山的《黃書》、
《噩夢》，皆存在一個根本的共性，就是對明亡的沈痛

歷史反思。顏習齋生長年代，較諸子為晚[31]，清兵入關時，年僅十歲。然而對於明室的淪亡，仍深感痛心：「讀甲申殉難錄，至『愧無半策匡時難，惟有一死報君恩』，未嘗不淒然泣下」[32]。因此，顏習齋治學標舉實用實行，講求經世致用，與當時的政治背景，實有著密切的關係。

　　明清之際，在政治上為一變動的時代，在學術上也是一個轉變的時期，帶著激劇動盪的時代色彩。清初學者痛憤宋明學術之誤國，鑒於明末王學之無補時艱，於是群起抨擊理學，紛紛從學風學理上，指評宋明道德心性之學的片面性，鄙棄空談心性，而提出經世致用之學，以謀學術之實用，使得學風為之一變。學者力圖挽救王學末流所造成的流弊，強調通經致用、經世應務的治學立命原則，發揮經世實學[33]。在這種學風之下，顏習齋更是鮮明，他說：「宋元來儒者，卻習成婦女態，甚可羞；無事袖手談心性，臨危一死報君王，即為上品矣。」

---

31 顏習齋生時，清初學者已斐然成列，孫奇逢（西元一五八四～一六七五）已五十二歲；黃梨洲（西元一六一〇～一六九五）已二十六歲；顧亭林（西元一六一三～一六八二）已二十三歲；王船山（西元一六一九～一六九二）也已十七歲。

32 見《存學編》卷二〈性理評〉，《顏李叢書》第一冊，頁 138。

33 林聰舜：《明清之際儒家思想的變遷與發展》第六章〈綜論〉中，歸納明清之際儒家思想的主導觀念為經世致用。如黃梨洲認為儒者之學是經緯天地的經世之學，修正陽明、蕺山的說法，而《明夷待訪錄》一書，更是落實經世精神最具代表性的作品。顧亭林則曾自述君子為學的目的是明道救世。而王船山不但強調以史學研究作為經世致用的參考，並有《讀通鑑論》、《黃書》、《噩夢》等寄託經世理想的著作。詳見該書頁 267。

[34]因此極力掊擊宋明學術之空疏，對既往學術積弊的摧陷廓清，更是空前絕唱，其主張實學、實行，注重務實、復古，提倡事功之學，成為中國思想史上的一支異軍[35]，正如錢穆先生所說：「環境既變，意趣自別，激於世緣，遂成異彩。」[36]

二、前人學說的影響

　　客觀環境對人之習氣觀念的影響固然很大，而其見識持論則往往受到前人學說的觸發引導，因此，思想家之起，必有其學術淵源。

　　顏習齋曾說：「惟安定胡先生，獨知救弊之道在實學，不在空言，其主教大學也，立經義治學齋，可謂能深契孔子之心矣。」[37]稱許胡安定[38]得孔子的正傳。宋儒胡安定注重實用的學問，《宋元學案》中記載：「其教人之法，科條纖悉具備，立經義治事二齋。經義則選擇其心疏通，有器局可任大事者，使之講明六經；治事則

---

34 見《存學編》卷一〈學辯一〉，《顏李叢書》第一冊，頁 133。
35 侯外廬：《中國思想通史》第五卷，認為顏習齋是十七世紀思想界中的一支異軍。詳見該書頁 324。
36 此語為錢穆先生闡明東林學派與陽明學的關係所發表的重要意見，其意義早已溢出明清之間學術遞嬗的論究，可藉以說明時代環境與學術思想的關聯。詳見錢穆：《中國近三百年學術史》上冊，第一章〈引論・晚明東林學派〉，頁 19。
37 見《存學編》卷三〈性理評〉，《顏李叢書》第一冊，頁 144。
38 胡瑗（西元九九三～一〇五九年），字翼之，泰州如皋人，世稱「安定先生」。主要貢獻在教育方面，根據他本身的教學實踐與經驗，制訂一套完整而實用的教學法，著重實用的研究與實習，以培養有用的人才。參見《宋元學案》卷一〈安定學案〉。

一人各治一事，又兼攝一事，如治民以安其生，講武以禦其寇，堰水以利田，算歷以明數是也。」[39]而顏習齋於漳南書院則設有「經史」、「藝能」等齋，又以兵農六府三事三物[40]的實學教人，要人精一藝或專一事，能力大者必須兼及他藝他事，以備用於當世。顏習齋的盛倡致用之學，以及書院的立教規模，當受胡安定的影響。

習齋的思想與永嘉永康學派[41]也多有類似之處。永嘉永康之學，重實行而不尚空論，言功利而以致用為依歸，批評宋儒，從實用觀點指摘其無用。《宋元學案》中記載薛季宣答陳同甫的一段話：「上形下形，曰道曰器。道無形，舍器將安適哉？且道非器可名，然不遠物，則常存乎形器之內。……第于事物之上習，于心無適莫，則將天理自見，持之以久，會當知之。」[42]說明道即法則，器即事物，而道常存乎形器之中，因此不能知器，

39　見《宋元學案》卷一〈安定學案〉。

40　顏習齋以三物立教，漢代徐幹早言之於前。《中論‧治學》首揭六德六行六藝之教：「先王立教官掌教國子，教以六德，曰：智仁聖義中和；教以六行，曰：孝友睦　任恤；教以六藝，曰：禮樂射御書數，三教備而入道畢矣。」而《周禮‧大司徒》以鄉三物教萬民，徐幹謂教國子，與《周禮》稍有不同。

41　全祖望：《宋元學案‧序錄‧龍川學案》：「永嘉以經制言事功，皆推原以為得統于程氏。永康則專言事功而無所承，其學更精莽。」永嘉學派是南宋時期提倡事功之學的學派，因其代表多為浙江永嘉人，故名。此學派始於薛季宣，「主禮樂制度，以求見之事功」；之後陳傅良進一步提出「究古今之變，通當世之治」的思想；葉適則集永嘉學之大成。永康學派的代表人物是陳亮，在學術上亦倡事功之學，批評士人空談性命的風氣。

42　見《宋元學案》卷五十三〈艮齋學案〉。

也就不能知道，必須在事物上反復研習，持之以恆，才能得知。這種見解，實同於顏習齋「理存事中」、「習事見理」的說法。

而永康學派陳同甫[43]的思想，對顏習齋也有深遠的啟發。習齋在三十四歲思想轉折之時，曾將朱熹、陸九淵、陳同甫三家學說加以比較，結論是：「使文達（陳同甫）之學行，雖不免雜霸，而三代蒼生或少有幸；不幸朱、陸並行，交代興衰，遂使學術如此，世道如此。」[44]於是顏習齋選擇陳同甫的事功學作為思想的出發點。陳同甫治學專言事功，不談性理，曾痛斥「今世之儒士自以為得正心誠意之學者，皆風痺不知痛癢之人也。舉一世安於君父之讎，而方低頭拱手以談性命，不知何者謂性命乎！」[45]又批評道學家「自道德性命之說一興，而尋常爛熟無所能解之人自託於其間，以端愨靜深為體，以徐行緩語為用，務為不可窮測以蓋其所無，一藝一能皆以為不足自通於聖人之道也。」[46]陳同甫議論於前，顏習齋有感於後，繼承陳同甫尚實用之理念，《年譜》中記載：

---

43 陳亮（西元一一四三～一一九四年），字同甫，婺州永康人，學者稱「龍川先生」，生平事蹟可參見《宋史》卷四百三十六〈陳亮傳〉。

44 見《習齋記餘》卷六〈讀刁文孝用六集十二卷評語〉「朱陸三則」，《顏李叢書》第一冊，頁 308。

45 見《陳亮集》（台北：鼎文書局，民國六十七年十一月）卷一〈上孝宗皇帝第一書〉，頁 819。

46 見《陳亮集》卷十五〈送吳允成運幹序〉，頁 179。

> 陳同甫謂：「人才以用而見其能否，安坐而能者
> 不足恃；兵食以用而見其盈虛，安坐而盈者不足
> 恃。」吾謂：「德性以用而見其醇駁，口筆之醇
> 者不足恃；學問以用而見其得失，口筆之得者不
> 足恃。」（《年譜》卷上「丁巳四十三歲」條）

　　對於「尊德性」或「道問學」，顏氏皆以一「用」
字釋之，進一步發揮了陳同甫的見解。

　　習齋雖然認為陳同甫與陸王程朱二派一樣，「皆非
周孔舊學」[47]，但陳同甫為了對治朱熹之學，提出了「義
利雙行、王霸並用」的主張，在這一方面，顏習齋的重
習行、倡實功，即與陳同甫的學說相呼應。顏習齋曾說：
「看陳龍川〈答朱子書〉，至『今之君子欲安坐以感動
之』，浩嘆曰：『宋人好言習靜，吾以為今日正當習動
身。』」[48]因此，在思想精神上，顏習齋和陳同甫是一
脈相承的。

　　當顏習齋思想轉向事功派後，曾明確表示推崇王安
石的學行，而且繼承了王安石重視《周禮》「鄉三物」
的思想，在「六德六行六藝」三物之中，特別注重六藝，
認為「德」、「行」都要通過「藝」來體現，「藝精則

---

47 見《習齋記餘》卷六〈讀刁文孝用六集十二卷評語〉「朱陸三則」，
　　《顏李叢書》第一冊，頁 308。
48 見《年譜》卷上「丁巳四十三歲」條，頁 48。

行實，行實則德成」[49]。王安石崇尚實學，反對浮文的
主張，也深為習齋稱許，認為「浮文是戒，實行是崇，
使天下群知所向，則人才輩出，而大法行，而天下平」[50]。
若將王安石與顏習齋的著作兩相對照，就會發現二人思
想是息息相通的。

　　顏習齋也屢次讚許張載「以禮為重，習而行之以為
教，便加宋儒一等」[51]，習齋一生也是力行古禮，重視
禮教。而在政治上，張載以崇尚三代之治而著稱，主張
實行「井田」、「封建」，習齋對此極為同意，且更進
一步加以發揮：

> 昔張橫渠對神宗：「為治不法三代，終苟道也。」
> 然欲三代宜如何哉？井田、封建、學校，皆斟酌
> 復之，則無一民一物之不得其所，是之謂王道，
> 不然者不治。（《存治編・王道》）

　　可見張載的政治主張，亦對習齋有所啟發。

　　宋明學術向清初學術演進，其內在邏輯，錢穆先生
歸結為「東林學風」，「東林講學大體，約而述之，厥
有兩端，一在矯挽王學之末流，一在抨彈政治之現狀」

---

49 見《四書正誤》卷三「論語上」，《顏李叢書》第一冊，頁 63。
50 見《存治編・學校》，《顏李叢書》第一冊，頁 176。
51 見《存學編》卷四〈性理評〉，《顏李叢書》第一冊，頁 153。另
　外在卷二，顏習齋也說：「宋儒胡子外，惟橫渠之志行井田，教人
　以禮，為得孔孟正宗。」見頁 137。

[52]。東林學派[53]反對浮華學風，提倡治國濟世的務實之學，在這方面，是下啟明清之際的務實之學，「清初學者，如太倉陸桴亭、容城孫夏峰，雖各有偏倚，而斟酌調停，去短集長，仍是東林以來舊轍」，因此，錢穆先生斷言：「即謂清初學風盡出東林，亦無不可。」[54]而顏習齋也是繼承了明末的東林精神，在學問宗旨上，和高攀龍[55]前呼後應，同樣提出了實行、實用的主張。

　　綜而言之，顏習齋思想的基本精神是經世致用，融合了胡安定的實學、陳同甫及王安石的事功思想，也吸收了張載的政治理念與東林學派的務實之學，從此基礎出發，建立他自己的思想體系。

三、出入理學的反省

　　顏習齋早年學宗陸王，後來得性理大全，知周程張朱學旨，屹然以道自任，期於主敬存誠，雖躬稼胼胝，

52　見錢穆：《中國近三百年學術史》上冊，第一章〈引論・晚明東林學派〉，頁 10。

53　明萬曆年間，顧憲成、高攀龍等人創立東林書院，著學講學，世稱東林學派。在學術思想上大抵以程朱為宗，批評王學末流談空說玄，援儒入禪的學風，提倡治國救世的務實之學。

54　以上二引文，見錢穆：《中國近三百年學術史》上冊，第一章〈引論・晚明東林學派〉，頁 16、22。

55　高攀龍（西元一五六二～一六二六年）一生極力倡導「實事」和「實行」，將「事」和「學」聯繫在一起，認為「事即是學，學即是事」（《東林書院志》卷五）；又說：「學問必須躬行，實踐方有益。」（《東林書院志》卷六）重視實踐的工夫。

必乘閒靜坐[56]，對於程朱是心悅誠服。三十四歲悟宋明
理學非儒統正道，但仍然扶持將就，不忍過言其非。到
了晚年，明白表現出決裂的態度，以明行周孔之道為己
任。習齋雖激烈地排擊宋明理學，而其思想卻也受到理
學很大的影響。若不入理學，如何能知其誤，識其非，
因此，顏習齋曾說：

> 從程朱入之功不可沒也，然受其害亦甚，使我二
> 人（與王法乾）不見程朱之學，自幼即專力孔孟，
> 所成豈如今日而已哉！（《年譜》卷下「癸酉五
> 十九歲」條）

雖為不滿之辭，卻可知顏習齋自認有得於程朱理學。
習齋批評理學，經常程朱與陸王並舉，比之為異端。
然而《四庫全書總目提要》記載習齋之學：「大抵源出
姚江而加以刻苦。」[57]這種說法略有偏頗[58]，但陽明學說
對顏習齋思想有所影響，自是可信。因為習齋立論，實
有近於王學之處。《明儒學案》中記載陽明：「致知於

---

56 見《年譜》卷上「庚子二十六歲」條，頁 7。
57 見紀昀等：《四庫全書總目提要》（臺灣商務印書館，萬有文庫薈
　　要本）第十九冊，頁 6。
58 對於顏學與王學關係的研究，可參考張西堂：《顏習齋學譜》，頁
　　22-25。張西堂認為：謂顏習齋受朱陸兩派影響則可，必謂其源出
　　姚江，則一偏之論也。另錢穆：《中國近三百年學術史》上冊，第
　　五章〈顏習齋李恕谷〉，對王、顏兩家議論異同有詳盡的論述。見
　　頁 204-212。

事物，致字即是行字，以救空空窮理，只在知上討分曉之非。」[59]顏習齋的重視習行，倡導「必有事焉」，即頗似陽明知行合一的主張。而且習齋注重習行六藝，以為古人皆各精一藝，分工專門，後世思兼長，是自欺欺世。這種見解，陽明於〈答顧東橋書〉所謂「拔本塞源」之論，已詳盡闡述。所以說：「習齋早年深喜陸王，其後轉治周、程、張、朱，又轉而排斥之，不自悟其所以排斥周、程、張、朱者，乃頗有幾許論點源於其最先深喜之陸王，潛滋暗長，盤據心中，還為根核，雖已經幾度之變化，要為其先存之放物，正是習齋所云『因習作主』之一例。」[60]

顏習齋不唯持論與陽明相近，有時更直引陽明之言以斥程朱。在〈駁朱子分年試經史子集議〉中引陽明所說：「與愚夫愚婦同底，便是同德；與愚夫愚婦異底，便是異端。」以駁斥朱子「半日靜坐，半日讀書」的工夫[61]。又告訴邊海若說：「近儒陽明先生亦云：『雖不識一字，亦須還某堂堂的做個人。』豈必多讀而後為學？且學乃隨人隨分可盡，無論貴賤、貧富、老幼、男女、智愚、聾瞽，只隨分盡道便是學。」[62]這是明引陽明之說以斥多讀為學的觀點。凡此可見顏習齋受陽明影響頗

59　見《明儒學案》卷十〈姚江學案〉。
60　參見錢穆：《中國近三百年學術史》上冊，頁184。
61　見《習齋記餘》卷九，《顏李叢書》第一冊，頁331。
62　見《顏習齋先生言行錄》卷下〈刁過之第十九〉，《顏李叢書》第一冊，頁115。

深。

　　錢穆先生說：「明清之際，諸家治學，尚多東林遺緒。梨洲嗣軌陽明，船山接跡橫渠，亭林於心性不喜深談，習齋則兼斥宋明，然皆有聞於宋明之緒論者也。」[63]雖然顏習齋極力抨擊程朱陸王之學，仍可從習齋思想內容，窺出其受理學影響之處。「不知宋學，則無以平漢宋之是非」[64]，正可說明顏習齋出入理學的體認與反省，不惟對其日後批評宋明學術奠定基礎，也對其成學有所啟發。

四、師長友朋的啓迪

　　顏習齋之學，雖不主一家，無直接師承，然其交遊，對思想的形成及人格的涵養，或多或少有所影響[65]。習齋曾說：「生平所嚴事者有孫夏峰一人，父事者有刁文孝、張石卿、王五公、張公儀、李孝慤五人。」[66]另有交遊王法乾及陸世儀等人。今舉其要者，闡明顏習齋思

63　參見錢穆：《中國近三百年學術史》上冊，卷首〈自序〉，頁 1。據此，錢穆先生以〈引論〉為首章，對清代學術的淵源進行了翔盡的梳理。根據錢穆先生的研究，清初學術之與宋明學術，乃為一體，不可分割。

64　參見錢穆：《中國近三百年學術史》上冊，第一章〈引論・兩宋學術〉，頁 1。

65　李恕谷在《年譜》中，對於顏習齋交遊論定者，多附小傳，以為「會友輔仁之學，見于是焉。」其後戴望《顏氏學記》述顏習齋之學，亦附《顏李弟子錄》，凡二〇七人。徐世昌《顏李師承記》（文海出版社有限公司，民國六十九年九月）更綜述顏李師友弟子及私淑達七百三十一人之多。

66　見《年譜》卷上「乙巳三十一歲」條，頁 17。

想的形成，深受其師友的啟迪。

　　彭雪翁，名通，字九如，據《年譜》記載，顏習齋二十四歲時，自雪翁處得陸王要語[67]，因而得知理學要旨。習齋學宗陸王，由雪翁開其端。而雪翁曾往來明末理學家孫夏峰、刁文孝之間。孫夏峰，學宗姚江，曾著論調和朱王，歸本孔子之道，以學以致用為其治學之旨，強調躬行踐履、經世實用。顏習齋雖不及親炙夏峰之教[68]，但對孫氏十分推崇，三十六歲時，曾郵書向孫氏問學，自述：「髮未燥，已聞容城孫先生名，己亥二十五在易水，得交高弟王五修，連年來，與高弟介祺，尤屬莫逆，撰有《存性》、《存學》二編，欲得先生之一是而復孔門之舊。」[69]其思想受到孫氏影響，自可想見。

　　刁文孝，名包，字蒙吉，為學由陸王進，而後研治程朱之學。《年譜》中記載：「祁州刁非有以母壽，托彭雪翁求詩，先生因兩書問學，有答書，入祁拜謁，得其所輯斯文正統，歸立道統龕，正位伏羲至周孔，配位

---

67 根據《習齋記餘》卷一〈未墜集序〉，顏習齋二十一歲時，「同里彭九如為其道語錄中言，異而問之，因出陸王要語，認為聖人之道在此，學得如陸王矣，從而肆力焉。」在時間上，和《年譜》不合。但顏習齋學宗陸王，受彭雪翁之啟迪，自是事實。

68 根據《年譜》記載，顏習齋三十歲時，「約王法乾訪孫徵君（夏峰），以事不果」，然顏習齋有〈上徵君孫鍾元先生書〉，可見顏習齋雖未親至徵君門下，但消息相通，往來問學，則固有之。孫夏峯，名奇逢，字啟泰，號鍾元，為清初北方理學的重要思想代表人物。

69 見《存學編》卷一〈上徵君孫鍾元先生書〉，《顏李叢書》第一冊，頁128。

顏曾思孟程程張邵朱，外及先醫虞龔。」[70]習齋曾說：
「予初從陸王入手，繼見性理、周程張朱之書，又交先
生，遂專主程朱。」[71]可見顏習齋初好陸王，後篤信程
朱，與文孝之往返不無影響。

習齋三十歲時，訪五公山人王餘佑。王餘佑曾受業
孫夏峰，學兵法，務實學。顏習齋自三十歲起，屢訪之
問學，與之論經濟，受其影響甚深。三十一歲時，訪張
石卿論學。張石卿，名羅喆，講學以仁為主，主張「性
皆善而有偏全厚薄不同，故曰相近，義理即寓於氣質，
不可從宋儒分為二」[72]，這種見解，顏習齋極為稱許：

> 謂性即氣質之性，更無二性，有堯舜氣質即有堯
> 舜之性，有呆獸氣質即有呆獸之性，而究不可謂
> 性惡。彼時某方執宋儒之說，反覆辨難，未能有
> 得，近乃知性善氣質亦善，宋儒論性原與吾夫子
> 性近，孟子為不善非才之罪及若其情可以為善諸
> 說相背。先生所謂更無二性，究不可謂性惡，確
> 哉！千餘年獨見之言矣。（《習齋記餘》卷七〈祭
> 石卿張先生文〉）

而顏習齋著《存性編》，主張性善及理氣一致，實受

---

70 見《年譜》卷上「辛丑二十七歲」條，頁9。
71 見《習齋記餘》卷六〈讀习文孝用六集十二卷評語〉，《顏李叢書》
　　第一冊，頁308。
72 見《年譜》卷上「乙巳三十一歲」條，頁19。

有張石卿的感發。王法乾，名養粹，行事依朱文公家禮。習齋二十九歲聞王法乾焚帖括、讀經、投佛像於井，居必衣冠，率家眾朔望拜祖祠、父母，而與之結為學友[73]，相互勸善規過，辨學議政，對顏習齋的進德修業影響極大。

　　根據《年譜》記載，顏習齋於三十五歲正月著《存性編》，七月聞太倉陸桴亭自治教人以六藝為主，同年十一月著《存學編》。陸桴亭，名世儀，治學重六藝，主張性善即在氣質，氣質之外無性。顏習齋著《存學編》，應與陸桴亭講學有所關聯。顏習齋三十八歲時，曾與陸桴亭以書信論學，自述：「在故友刁文孝座，聞先生有佳錄，復明孔子六藝之學，……既而刁翁出南方諸友手書有云：此間有陸桴亭者，……有人性之善正在氣質，氣質之外無性等語，……乃知先生不惟得孔孟學宗，兼悟孔孟性旨，已先得我心矣。」[74]可見顏習齋在思想上受陸桴亭影響甚鉅。

　　余英時先生在《中國思想傳統的現代詮釋》中提及顏氏之學，驟視之似乎前無所承，但細按之，實開明末以來經世致用之風而起，亦與孫奇逢、陸世儀等人取徑不異，然顏氏獨樹一幟，專在「經世致用」一點上立足，

---

73 根據《年譜》記載，「王法乾少狂放，迄年十九，奮然曰不作聖，非人也。遂取所讀八股焚之，誦五經，依朱文公家禮行禮」，顏習齋聞之納交。見卷上「癸卯二十九歲」條，頁 11。

74 見《習齋記餘》卷三〈上太倉陸桴亭先生書〉，〈顏李叢書〉第一冊，頁 273-274。《習齋記餘》言此為顏習齋四十歲所書，本文據《年譜》所記。

而成獨立學派。綜上所述，則知顏習齋思想的形成，實
與時勢環境有密切關係，而先儒與時賢的思想學說，對
其亦有很大的影響與啟迪，這些因素環環相扣，從而建
構出顏習齋的思想體系，這「絕非一朝頓悟，而是一個
博取眾長，不斷消化，融為我有的演進過程」[75]。

---

75 見陳祖武點校《顏元年譜》「點校說明」，頁 819。

第二章　顏習齋哲學思想的內涵

顏習齋面對重大的歷史轉折，加上親身的學習體驗，再經過思想的多方融匯後，建立他獨特的哲學思想。以下即分別就其宇宙論、人性論、修養論及知識論，進行分析詮釋，架構出顏習齋的哲學思想體系。

第一節　宇宙論

人類面對浩瀚無垠的宇宙、包羅萬象的物類、千變萬化的現象，如天地萬物的生成、日月星辰的運行、寒暑四時的變遷、花卉草木的榮枯代謝等，引起了無限的興趣和思索。隨著生活經驗的日益豐富，以及各類知識的逐漸累積，在哲學理論上，思想家對自然界的研究和認識，主要集中在兩方面：一是宇宙的起源和結構，以及宇宙變化的過程，這相當於西方哲學的宇宙論或宇宙生成論；二是宇宙萬物存在的根據，也就是萬物以什麼為本原、本性、本質的學說，這相當於西方哲學的本體

論[1]。

　　中國哲學重視道德的實踐，而探討宇宙本身的宇宙論及本體論較不受重視。先秦儒家對宇宙的生成與規律，除《易傳》稍有說明外，未有完整而具體的論述；道家對宇宙雖有說明，但目的在於發現人生哲學的根本智慧；墨子論天意、天志，主要是依於政治的功利目的，並非對宇宙作客觀的了解。到了漢代，董仲舒揉合儒與陰陽兩家，倡天人感應之學，才有比較系統的宇宙論。而魏晉玄學的興起，道家的本體論又取代了漢儒的宇宙論。至於宋明理學，雖然對宇宙論及本體論有較多的闡發，但哲學重心仍在於人生修養。

　　顏習齋重視客觀經驗世界，注重實行致用，以事物為依歸，因此對於形上的興趣並不濃厚，也沒有完整的理論體系。然而，顏習齋曾說：「著《存性編》一編，大旨明理氣俱是天道，性形俱是天命。」[2]除《存性編》外，透過其他的言論，仍可辨析出顏習齋對於宇宙問題的觀點。

1　參見方立天：《中國哲學問題發展史》（洪葉文化事業有限公司，一九九五年四月）上冊，頁 112。另外，吳康先生在《哲學大綱》（台灣商務印書館，民國六十九年十月增訂七版），頁 31，陳述西方古代與近代十幾種哲學分類後，整理出一個分類法，其中關於宇宙問題者－形而上學，分為兩方面：一是宇宙論，探討宇宙之起源等問題；一是本體論，討論宇宙所由構成之質料，即所謂實體或存在問題。
2　見《習齋記餘》卷三〈上太倉陸桴亭先生書〉，《顏李叢書》第一冊，頁 273。

一、宇宙本體

宇宙的起源和宇宙的本原問題是緊密聯繫著的，宇宙生成論和本體論之間很難完全區隔。而中國古代先哲往往在論述宇宙生成的同時，相應地提出本體論的主張，顏習齋也是如此。

對於宇宙問題的解答，顏習齋在《存性編》中不僅連畫數圖，而且反複描述和說明，其所以如此，是因為他要從中推導出自己的人性論，為他的人性論找到本體論的根據。在卷二「妄見圖」中，顏習齋勾畫出宇宙生成的模型：

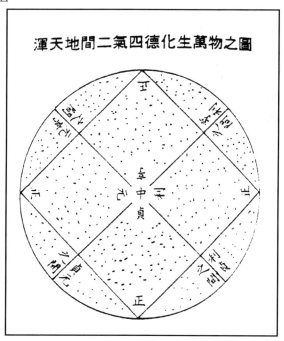

顏習齋解釋說：

> 大圈，天道統體也。上帝主宰其中，不可以圖也。
> 左陽也，右陰也，合之則陰陽無間也。陰陽流行
> 而為四德，元亨利貞也。橫豎正劃，四德正氣正
> 理之達也；四角斜畫，四德間氣間理之達也；交
> 斜之畫，眾交通，莫不化成也，無非是氣是理也。
> 知理氣融為一片，則知陰陽二氣，天道之良能也；
> 元、亨、利、貞四德；陰陽二氣之良能也；化生
> 萬物，元、亨、利、貞之良能也。知天道之二氣，
> 二氣之四德，四德之生萬物，莫非良能，則可以
> 觀此圖矣。

　　顏習齋所繪的圖式，是根據《周易》的陰陽變化作
為基本原理，〈繫辭傳〉說：「易有太極，是生兩儀，
兩儀生四象，四象生八卦。」顏習齋認為天道如同一個
大圈，理氣萬物都在它的孕育之中。所謂「天道統體」，
就是說天道統包著氣與理，是陰陽之氣混沌未分的統一
體，而理氣融合，交通變化，則化生萬物。我們還可以
在顏習齋的文章中找到類似的說法，在《存性編‧棉桃
喻性》中提到：「天道混淪，譬之棉桃：殼包棉，陰陽
也；四瓣，元、亨、利、貞也；軋、彈、紡、織，二氣
四德流行以化生萬物也；成布而裁之為衣，生人也；領、

袖、襟、裾，四肢、五官、百骸也；性之氣質也。」[3]這是「渾天地間二氣四德化生萬物之圖」最形象、最生動的說明和解釋。

顏習齋雖然講到上帝主宰其中，卻未說明上帝如何主宰，而在其他的地方又否定了這種看法，認為宇宙萬物的發展變化都是自然而然的過程[4]。實際上，在習齋看來只有陰陽二氣充塞在宇宙之間。所以接下來討論的就是顏習齋對於理與氣的關係的見解。

二、理氣一致

「氣」指陰陽之氣，混沌於天地間，具有元、亨、利、貞四德之理[5]。陰陽為變動之源，元、亨、利、貞則為變動之要素，是陰陽二氣之良能。「元」有創始博大的意思；「亨」是通達流暢；「利」是適宜、和諧；「貞」則是端正、穩固的意思。而由於氣的變化流行，形成春、夏、秋、冬，四時運行，進一步產生天地萬物。顏習齋又把「理」置於「氣」之中，他說：「理者，木中紋理也。其中原有條理，故諺云順條順理」[6]，由此引申，事物運動變化的規律就稱為「理」。萬事萬物的消長，「時

---

3 見《顏李叢書》第一冊，頁 156。
4 顏習齋說：「天地交通變化而生萬物，飛潛動植之族不可勝辨，形象運用之巧不可勝窮，莫非天地之自然也。」見《習齋記餘》卷六〈人論〉，《顏李叢書》第一冊，頁 309。
5 顏習齋自註：「四德先儒即分春夏秋冬，論語所謂四時行也。」
6 見《四書正誤》卷六「孟子下」，《顏李叢書》第一冊，頁 85。

而行，以乘其長」，「時而藏，以訓其消」[7]，即是所謂天理。又說：「為寒熱風雨，生成萬物者，氣也；其往來代謝，流行不已者，數也；而所以然者，理也。」[8]可見「氣」是宇宙萬物的本原，也就是說宇宙萬物都是「氣」生成的，而「理」則是氣化流行所以然的規律。但顏習齋並不認為理能夠獨自化生萬物，理只有與氣結合在一起才能夠充當萬物的本體。

在習齋看來，「理氣融為一片」，生成萬物，而理與氣在化生萬物的時候，各自具有不同的功能，顏習齋說：「萬物之性，此理之賦也；萬物之氣質，此氣之凝也。」[9]又說：「天之生萬物與人也，一理賦之性，一氣凝之形。」[10]可知理規定著事物的本性，而氣則構成事物的形質。

至於理與氣的關係，顏習齋認為，「氣即理之氣，理即氣之理」[11]，「若無氣質，理將安附？」[12]主張離氣無理，沒有離開氣而孤立存在的理，理與氣是融為一體的。在化生萬物的過程中，氣以成形，理以賦性，形質

7　見《習齋記餘》卷八〈祭任熙宇文〉，《顏李叢書》第一冊，頁320-321。
8　見鍾錂所編：《顏習齋先生言行錄》，收入《顏李叢書》第一冊，頁89-117。本段引文見卷上〈齊家第三〉，頁92。
9　見《存性編》卷二「妄見圖」，《顏李叢書》第一冊，頁164。
10　見《習齋記餘》卷四〈與何茂才千里書〉，《顏李叢書》第一冊，頁286。
11　見《存性編》卷一〈駁氣質性惡〉，《顏李叢書》第一冊，頁156。
12　見《存性編》卷一〈棉桃喻性〉，《顏李叢書》第一冊，頁156。

不可能沒有本性，本性也只能存在於形質之中。儘管理
與氣都具有本體的功用，但在顏習齋的哲學體系結構
中，從根本上看，理仍然依附、從屬於氣。「理氣融為
一片」規定了兩者相互依存，不可分離，但卻不是氣依
存於理，而是理為陰陽之氣流行的表德，是陰陽之氣運
動變化始、通、和、正四種性質和狀況的流行規律。如
此一來，理反而成為氣的屬性，所以說理在氣中，離開
了氣便無所謂理。而「四德不外於二氣，二氣不外於天
道，舉不得以惡言」[13]，因此，理氣皆出於天命之善，
理氣一致，均善無惡。

　　顏習齋又進一步說明二氣四德流行，種種錯綜複雜
的變化。二氣四德變動周流，互相影響，「順逆交通，
錯綜薰蒸，變易感觸，聚散卷舒」，而這十六種變化可
再變為三十二類，「中邊直屈，方圓衝僻，齊銳離合，
遠近違遇，大小厚薄，清濁強弱，高下長短，疾遲全缺」
[14]。顏習齋認為二氣四德的流行，因有上述不同的變化，
萬物的品類也就有所不同，有智愚、富貴貧賤、強弱夭
壽等差別。然而，萬物的品類雖有不同，究其源，稟賦
相同，皆是理氣所生成，這就是顏習齋所說的：「正者
此理此氣也，間者亦此理此氣也，交雜者莫非此理此氣
也；高明者此理此氣也，卑暗者亦此理此氣也；清厚者
此理此氣也，獨薄者亦此理此氣也，長短、偏全、通塞

13　見《存性編》卷二「妄見圖」，《顏李叢書》第一冊，頁 166。
14　見《存性編》卷二「妄見圖」，《顏李叢書》第一冊，頁 167。

莫非此理此氣。」[15]而顏習齋強調理氣融合，交通變化，有正偏、厚薄、通塞的區別，生成紛繁複雜的萬事萬物，此將「理氣」作為天道的內容，便具有了本體的哲學意義[16]。

　　大體而言，顏習齋理氣論的系統多承朱子而來。朱子在討論宇宙萬物的本體時，往往理氣兼言，明確肯定理氣是互相依存，不可分離的，所以說：「天下未有無理之氣，亦未有無氣之理。」又說：「如陰陽五行，錯綜不失條緒者便是理；若氣不凝聚時，理亦無所附著。」而「有是理，便有是氣」[17]，理與氣合，才有品物之流行，萬物之化生。但在朱子看來，理氣雖不相離，卻有本末之分，理為本，氣為末，兩者的關係是理決定氣，氣表現理。而顏習齋的觀點和朱子不盡相同，朱子認為理在氣先，將「理」視為超越「氣」之上的精神實體；顏習齋則強調理只有與氣結合，才能充當萬物的本體，把「理」置於「氣」之中，認為理不能脫離氣獨立存在，更不能超越氣而成為萬物本體，這是顏習齋對理氣關係的獨特見解。

15　見《存性編》卷二「妄見圖」，《顏李叢書》第一冊，頁164。
16　參見張立文主編：《中國哲學範疇精粹叢書─理》（台北：漢興書局有限公司，民國八十三年五月），第九章〈明清之際理的思想〉，第五節，頁284-286。
17　見《朱子語類》卷一及卷三九。

三、天人關係

　　殷周之際，天或帝作為人格神，對於人事的祐與不祐，以及周初敬德保民的思想，已蘊含著天人相感的肇始。春秋戰國時期，孟子把天和人的心性聯繫起來，《孟子‧盡心上》：「盡其心者，知其性也；知其性，則知天矣。」而莊子的天人之辯，是沿老子「天法道，道法自然」的途徑，從天道自然出發，認為天與人不相勝，拋棄人為，順應自然，才能與天為一。荀子則把天還原為客觀存在的自然界，按照自身固有規律運動變化，〈天論〉中說：「天行有常，不為堯存，不為桀亡。應之以治則吉，應之以亂則凶。」認為天與人各有職分。漢代董仲舒認為天和人具有相似的形體和感情意識，以及道德倫理的本質，經由「同類相動」、「人副天數」而合一，建立了「天人感應」的理論體系。魏晉時期，玄學家把天人關係作為重要議題，天道和人事相互關係的理論，轉化為社會名教和宇宙自然關係的討論。宋元明清，「天」雖為哲學家們所重視，但哲學論爭中心已轉移到理氣、心物的關係上[18]。

　　顏習齋對天人關係的看法，仍多本於中國古代及儒家的傳統思想，以為人可以和天地合德，可以贊天地之

---

18 張立文在《中國哲學範疇發展史—天道篇》（五南圖書出版有限公司，民國八十五年七月），詳盡介紹中國歷代哲學家對天人關係的觀點，見該書第二章〈天論〉，頁 67-89。

化育，認為人為萬物之粹[19]，而天地是萬物的父母：

> 天地者，萬物之大父母也；父母者，傳天地之化
> 者也。而人則獨得天地之全，為萬物之秀也。得
> 全于天地，斯異于萬物而獨貴；惟秀于萬物，斯
> 役使萬物而獨靈。獨貴于萬物而得全于天地，則
> 無虧欠于天地，是謂天地之肖子；獨靈于萬物而
> 為秀于天地，則有功勞于天地，是謂天地之孝子。
> （《習齋記餘》卷六〈人論〉）

　　人是「天地之肖子」，應做「天地之孝子」。在習
齋看來，人肖像於天，第一是「形肖」，「頭圓象天，
足方象地，兩目象日月，股肱、胸臂象山嶽，五臟象五
行，腸胃、膀胱、經絡象江河大海，遍體小孔象星辰，
鬚髭、毛髮象草木，三百六十骨節象三百六十度數，十
三經絡象天地十三運會」。第二是「用肖」，「兩手遊
空似飛，象天運也；兩足踏實似植，象地甯也。……寤
寐象晝夜，喜怒象春秋，作息象冬夏，聲音象雷霆，氣
液象風雨，呼吸象潮汐，長育男子，造製百工，象化生
萬物」，也就是行走坐臥、聲情動貌、繁殖營生，皆類
似天地。第三是「理肖」，「人君立君綱，能為天下主，

19　《存性編》卷二「妄見圖」：「人則尤為萬物之粹，所謂得天地之
　　中以生者也。二氣四德者，未凝結之人也；人者，已凝結之二氣
　　四德也。」見《顏李叢書》第一冊，頁 164。

則為一世之天地；人父盡父綱，能為一家之主，則為一家之天地；人夫振夫綱，能為一室之主，則為一世之天地。人而仁，則慈愛惠物，見之于倫，為父子親也，配德于天地之元；人而義，則方正處事，見之于倫，為君臣義也，配德于天地之利；人而禮，則辭讓居心，見之于倫，長幼敘也，配德于天地之亨；人而智，則是非不迷，見之于倫，夫婦別也，配德于天地之貞；人而信，則至誠無妄，見之于倫，朋友信也，配德于天地之太極」[20]，也就是三綱五常皆可對應天地之德。

而人類對於天地之大父母，須行大孝子之責，「養口體之孝」：「種樹稼穡，修築宮室，灌溉園地，以增潤地形」，「燔柴焚積，薰香蒸物，釀酒揚湯，使氣臭上騰，以宣濡天氣」。如飲食父母，至於「方澤祀示，圓丘祭郊，埋璧焚脂，太牢少牢，玉瓚繡幣，封山告瀆，賓春餞秋」，為大奉甘旨。再者，「養心志之孝」：「天命五德，奉持不失；富貴貧賤，安而受之，夙夜寤寐，時存惕若，災苦禍殀，勞而不怨，民胞物與，友于得所」，「五禮以致中」，「六樂以導和」，敬親承歡。第三「養疾調劑諭親于道之孝」：「鴻蒙未闢，文而明之；洪水氾濫，掘而疏之；氣數阨在繼體，揖讓以化之；族類暴于殘賊，放伐以救之；乾坤聾瞶，木鐸以醒之；禽獸囂爭，好辨以熄之；小而赭鞭草木以宣揚，日食伐鼓以攻

---

20 以上三段引文，皆見於《習齋記餘》卷六〈人論〉，《顏李叢書》第一冊，頁 309。

陰，迅雷風烈必變，冬燃火，夏藏冰，凡可變理者，無
不為之」。進而「顯親揚名」，如古之三皇之世、春秋
之世，使天地反因人而著號[21]。

　　顏習齋還講天命與人可以通過理、氣、數，而以類
相召，互相感應，他說：「吾心作善念，吾身作善事，
則一身之氣理皆善。善與善召，而氣數之善氣皆來集此，
降百祥之說也。」[22]這樣一來，天地、萬物、人類聯繫
為一體，所以說：

> 天地一我也，我一天地也；萬物一我也，我一萬
> 物也。既分形而為我，為天地萬物之靈，則我為
> 有作用之天地萬物，非是天地萬物外別有一我
> 也。（《顏習齋先生言行錄》卷下〈趙盾第十六〉）

　　人為有作用之宇宙萬物，則人當行其本然之行，「方
且參天地，贊化育，盡幽明上下，而自我治之」[23]。

　　總結來說，顏習齋從「理氣一致」的觀點出發，認
為宇宙之行，本乎理氣，交通變化，生成萬物。在這個
過程中，氣以成形，理以賦性，而人得天地之全，為萬
物之秀，自當效法宇宙之生生不已，乾乾不息，「以一

---

21 以上引文，皆見於《習齋記餘》卷六〈人論〉，《顏李叢書》第一
　　冊，頁310。
22 見《顏習齋先生言行錄》卷上〈法乾第六〉，《顏李叢書》第一冊，
　　頁97。
23 見《存人編》卷二〈喚迷途〉「第四喚」，《顏李叢書》第一冊，頁
　　189。

心通天下，合天下為一體」[24]。

第二節　人性論

　　就中國固有的人性思想而言，對於人性的探討主要為「即生說性」與「即心說性」兩種[25]，所用的名詞不外命（道）、性（德）、心、情、才等，以此名詞所代表的觀念、思想為其內容[26]，此心、性、情、才所包含的不外生物本能、生理欲望、心理情緒、氣質之清濁純駁，及超越的義理之性[27]。由此人性內容的探討，進一步討論人性是善是惡？一種，還是多種？先天具有，還是後天形成？人又是如何去惡成善？而這些問題的探索，構成了中國的人性論。

　　對於人性的論述，因時代及學術思想的不同而有各

24 見《四書正誤》卷四「論語下」，《顏李叢書》第一冊，頁 75。

25 引用曾昭旭先生的說法，見〈呈顯光明・蘊藏奧妙─中國思想中的人性論〉，收入《中國文化新論・理想與現實》，頁 11。另外潘清芳在《中國哲學思想探研》（復文圖書出版社，民國七十八年二月）一書中也提到：從中國傳統宏觀的角度以論之，中國言性的進路有二大傳統，一是「生之謂性」，一是「儒家主流的人性論」。詳見該書頁 111。而有關「即心說性」，牟宗三先生認為是孟子所代表的一路，這一思路可稱為「道德的進路」。參見《中國哲學的特質》（臺灣學生書局，民國七十九年十月再版七刷），第八講及第九講，頁 59-74。

26 參見徐復觀：《中國人性論史 ── 先秦篇》，〈序〉，頁 2。

27 參見牟宗三：《心體與性體》（二）（台北：正中書局，民國七十八年），頁 199。

種不同的分析與主張。孔子提出「性相近，習相遠」的觀點，但並沒有詳細的論述。從孟子與告子、公都子等人對性之善惡的辯論，才真正揭開了中國人性論的序幕。《孟子・告子上》記載告子所說：「人性無分於善不善，猶水之無分於東西也。」認為人性本無善惡，本無仁義之性，但人可以經由修養而具仁義道德，而孟子的性善論則是在和告子的性無善惡說的辯論中建立的。孟子認為君子是以仁義禮智為人性的內容，也就是人之所以異於禽獸的特有屬性。莊子是強調無知無欲的純真樸實，才是人的本性的完美體現，正如《莊子・馬蹄》說：「同乎無欲，是謂素樸；素樸而民性得矣。」荀子則就情欲之性的流弊，提出與孟子主張人性擴充的性善論相對立的性惡論，強調人性的改造。

　　兩漢學者論人性，所探討的重心在於性的善惡及性的品級。董仲舒利用天人合一論與陰陽家的思想，提出性有貪仁兩種，區分人性為三等；揚雄則綜合孟荀的人性論，提出「性善惡混」的命題，認為經由後天的努力學習，加強修養，就能以是勝非，揚善去惡。而王充在《論衡・本性》中說：「自孟子以下至劉子政，鴻儒博士，聞見多矣。然而論情性，竟無定是。惟世碩、公孫尼子之徒，頗得其正。」因此他繼承世碩的「性有善有惡」和「陰陽善惡在所養」的思想，主張人生時稟受元氣的厚薄即決定性的善惡，從而將人性分為「性善」、「性善惡混」、「性惡」三等。魏晉時代，劉卲提出了

陰陽五行是人的性格、品質和才能的基礎，人物的不同是由天賦本質來決定；王弼則從「以無為本」的本體論出發，主張不違背自然，以保持本性，同時也贊成孔子「性相近」的觀點。隋唐時代，韓愈在〈原性〉一文，明確提出性情三品說；李翱則認為性善情惡，主張復性說。宋代，張載創建「天地之性」和「氣質之性」的性二元論，二程也講性分兩種，後來朱熹綜合張載、二程的說法，建立了完整的性二元論思想體系。而陸九淵則是在人性問題上，繼承孟子的性善說；王陽明則認為性無善無惡，而且是至善的。

明末清初，王船山對以往的人性學說作了批判和綜合，創造性地轉化「性日生日成」的學說，主張人性隨著人的生命延續而不斷受命於天的自然發展過程，是日生日成而日新的。戴震則依據陰陽五行氣化流行的宇宙觀，調和孟荀人性學說，較全面地揭示人性的內涵，包含了生理欲望、情感和認識能力[28]。

而顏習齋則是以「理氣一致」的宇宙論為根據，進一步論證「性形不二」的思想，從而建立他的人性理論。

一、性形不二

中國哲學家論述人性，從各個角度去闡發，而具有

28　這裡就中國歷代思想家對人性的看法作一概述，主要參考徐復觀：《中國人性論史 ── 先秦篇》及方立天：《中國古代哲學問題發展史》上冊，頁 390-480。

多重的涵義。如告子所說的「生之謂性」，荀子所謂的「性者天之就也」，董仲舒所說的「如其生之自然之資」的性，韓愈所講的「與生俱生」的性，以及宋代張載以來所說的「氣質之性」，都是指人生而自然的屬性。另外還有從倫理道德的角度，指出人所具有的特殊屬性，如孟子認為人只知飽食暖衣、逸居而無教，就近於禽獸，人之所以為人，是具有以惻隱之心等四端為內容的特有人性。郭象也講「仁義自是人之情性」，試圖把孟子的見解收攝在他的性分思想系統中。揚雄認為人性的內容包括視、聽、言、貌、思，這是從思維能力的角度，闡明人與動物的區別。而張載、程朱所講的「天地之性」或「天命之性」是「極本窮原之性」，指的是人賴以形成為生命的根本，也是萬物賴以形成的根本，更是宇宙的本性[29]。

　　顏習齋論性，綜合告子「生之謂性」與孟子「性善」的說法，他也認為「有生方有性」[30]，「性字從生心，正指人生以後而言」[31]，而人性就是「氣質之性」[32]。他說：

---

29 參見方立天：《中國古代哲學問題發展史》上冊，頁 489-491。

30 見《存人編》卷一〈喚迷途〉「第二喚」，《顏李叢書》第一冊，頁 184。

31 見《存性編》卷一〈性理評〉，《顏李叢書》第一冊，頁 157。

32 顏習齋曾說：「惟吾友張石卿曰：『性即是氣質之性。』……其言甚是。」詳見《存性編》卷一〈明明德〉，《顏李叢書》第一冊，頁 156。

> 耳目、口鼻、手足、五臟、六腑、筋骨、血肉、
> 毛髮俱秀且備者，人之質也，雖蠢，猶異於物也；
> 呼吸充周榮潤，運用乎五官百骸，粹且靈者，人
> 之氣也，雖蠢，猶異於物也；故曰「人為萬物之
> 靈」，故曰「人皆可以為堯舜」。其靈而能為者，
> 即氣質也，非氣質無以為性，非氣質無以見性也。
> （《存性編》卷一〈性理評〉）

簡單地說，氣質就是人的形體及其機能、屬性，而
「氣質正吾性之附麗處，正吾性作用處，正性功著手處」
[33]，因此有氣質才有人性。

在顏習齋看來，萬物之化生，理以賦性而氣以成形，
而理是氣之理，性是形之性，他說：

> 形，性之形也；性，形之性也，舍形則無性矣，
> 舍性亦無形矣。失性者據形求之，盡性者於形盡
> 之，賊其形則賊其性矣。（《存人編》卷一〈喚
> 迷途〉「第二喚」）

顏習齋將形的地位提高到與性同等，而主張「性形
不二」。「舍形則無性」，人的形體正是性的作用處；
同樣的，「舍性亦無形」，只有通過性才能體現形的本

33　見《顏習齋先生言行錄》卷下〈王次亭第十二〉，《顏李叢書》第
　　一冊，頁105。

質屬性，所以說「性形無二，孔門一片工夫，……治耳目即治心思」[34]，如此一來，就將修養工夫外落在形體之上。

對於性與氣質（形）之間的關係，顏習齋舉了許多事例作具體的說明。他以目之能視為例，闡明性以氣質為物質基礎的道理，他認為，眼眶、眼瞼、眼球等物質構造，就是眼的氣質；視力，眼睛能見物的特性，就是眼睛的性[35]。視力是眼睛的天性，存於眼睛的氣質之中，喪失眼睛的氣質，沒有「眶、皰、睛」，那來的視力，又如何能見物？以此論證性是氣質的性，離不開氣質，「氣質正性命之作用」[36]。顏習齋又以衣為例，認為衣服的領袖衣襟是氣質；領之護項，袖之藏手，襟裾之蔽前後，是性[37]，說明形是氣質的體現，性是氣質的作用。

顏習齋竭力主張「性形不二」，強調人性就是氣質之性，所以「不必分何者是天命之性，何者是氣質之性」[38]，這無異於否定了程朱學派「天地之性」與「氣質之

---

34 見《四書正誤》卷六「孟子下」，《顏李叢書》第一冊，頁 82。顏習齋又說：「心也，性也，明德也，一也。」（《顏習齋先生言行錄》卷上〈吾輩第八〉）耳目是形，心思是性，因為性形不二，所以治耳目也就治心思。

35 顏習齋說：「譬之目矣：眶、皰、睛，氣質也；其中光明能見物者，性也。」見《存性編》卷一〈駁氣質性惡〉，《顏李叢書》第一冊，頁 156。

36 見《習齋記餘》卷三〈上太倉陸桴亭先生書〉，《顏李叢書》第一冊，頁 273。

37 詳見《存性編》卷一〈棉桃喻性〉，《顏李叢書》第一冊，頁 156。

38 見《存性編》卷一〈駁氣質性惡〉，《顏李叢書》第一冊，頁 156。

性」相並立的性二元論，更肯定了氣質之性的實在性與唯一性。而「理氣俱是天道，性形俱是天命」[39]，理氣皆出於天命，均善非惡，因此稟天道之理氣而生的性形，自然也是唯善無惡。

二、情才皆善

顏習齋認為，性、情、才三者同理而異名，何謂性、情、才，他說：

> 存之為仁、義、禮、智，謂之性者，以在內之元、亨、利、貞名之也；發之為惻隱、羞惡、辭讓、是非，謂之情者，以及物之元、亨、利、貞言之也；才者，性之為情者也，是元、亨、利、貞之力也。（《存性編》卷二「妄見圖」）

人稟陰陽二氣而生成，便有了生之謂性的性，內在表現為仁、義、禮、智四德，遇外物則發動表現為惻隱、羞惡、辭讓、是非之情，而性之所以表現為情在於才，正所謂「心之理曰性，性之動曰情，情之力曰才」[40]。簡單地說，「性」是心之理，內容是四德；「情」是性之所發，當人的感覺、意識，接觸外物，便發動為情感；

---

39 見《習齋記餘》卷三〈上太倉陸桴亭先生書〉，《顏李叢書》第一冊，頁273。
40 見《年譜》卷下「甲子五十歲」條，頁60。

「才」是情之力，是人的感覺、思維能力，好比目有能視之才，耳有能聽之才，口有能言之才，心有能思之才。

至於性、情、才三者之間的關係，則說：

> 發者情也，能發而見於事者才也；則非情、才無以見性，非氣質無所為情、才，即無所為性。是情非他，即性之見也；才非他，即性之能也；氣質非他，即性、情、才之氣質也。一理而異其名。（《存性編》卷二「妄見圖」）

「性」是人的內在本質，而情、才是人性的外在表現，「情」即情感，是性的顯見，「才」是性的本能。沒有性固然無從表現為情才，但沒有情才，也無從見性；而性與情才都在於氣質，沒有氣質就不可能有情才，也無所謂性。在顏習齋看來，性、情、才僅僅名稱、作用不同，三者是一以貫之，不可分離的。

顏習齋又以圖示之，進一步說明性、情、才皆善的道理：（見下圖）

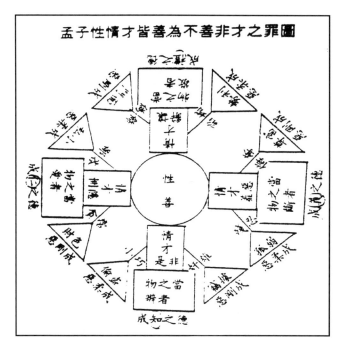

習齋解釋說：

中，渾然一性善也。見當愛之物而情之惻隱能直
及之，是性之仁；其能惻隱以及物者，才也。見
當斷之物而羞惡能直及之，是性之義；其能羞惡
以及物者，才也。見當敬之物而辭讓能直及之，
是性之禮；其能辭讓以及物者，才也。見當辨之
物而是非能直及之，是性之智；其能是非以及物
者，才也。不惟聖賢與道為一，雖常人率性，亦
皆如此，更無惡之可言，故孟子曰「性善」，「乃
若其情，可以為善」，「若為不善，非才之罪也」。

（《存性編》卷二「妄見圖」）

這主要是依據孟子的性善論，來闡述性情才皆善的理由。顏習齋又指出：「識得孔、孟言性原不異，方可與言性。孟子明言『為不善非才之罪』，『非天之降才爾殊』，『乃若其情則可以為善』。……孔子曰：『性相近，習相遠也。』此二句乃自罕言中偶一言之，遂為千古言性之準。……將天下聖賢、豪傑、常人不一之恣性，皆於『性相近』一言包括，故曰『人皆可以為堯舜』；將世人引蔽習染、好色好貨以至弒君弒父無窮之罪惡，皆於『習相遠』一句定案，故曰『非才之罪』，『非天之降才爾殊也』，孔、孟之旨一也。」[41]在顏習齋看來，孟子的性善論與孔子的「性相近」之說是相契的。

而習齋又從反面舉例比喻：

> 若謂性善而才，情有惡，譬則苗矣，是謂種麻而秸實遂麥也；性善而氣質有惡，譬則樹矣，是謂內之神理屬柳，而外之枝幹乃為槐也。自有天地以來，有是理乎？（《存性編》卷二「妄見圖」）

如果以性為善，以情、才有惡，就好比植物的根苗與果實的關係一樣，種的是麻，而結的果實卻是麥；如

---

41 見《存性編》卷一〈性理評〉，《顏李叢書》第一冊，頁 158。

果以性為善，以氣質有惡，就好比樹根是柳，樹幹卻是槐，而認「接樹為本樹」[42]，則是根本錯誤的。顏習齋又以目之視為例，指出：「天命人以目之性，光明能視，即目之性善；其視之也，則情之善；其視之詳略遠近，則才之強弱。皆不可以惡言。」[43]

「人之性，即天之道也，以性為有惡，則必以天道為有惡矣。以情為有惡，則必以元亨利貞為有惡矣。以才為有惡，則必以天道流行乾乾不息者亦有惡矣。」[44]從顏習齋的論述來看，既然天道是善的，且理氣、性形皆善，而性、情、才三者又是一理而異名，因此，情、才也不可謂之有惡。

三、惡的來源

人性是善是惡，歷代哲學家觀點不一，有性善、性惡、性無善無惡、性可以為善可以為惡、性善惡混等等，始終沒有一致的看法。而孟、荀二人相對立的人性論，一直影響先秦以來人性善惡起源問題的爭論，孟子認為不善並非由性而來，而是性中的善端不能好好地存養、擴充，才逐漸形成的，雖然本質是善，但這個善端是很微小的，環境的影響，物欲的引誘，往往會阻礙它的發展，《孟子·告子上》說：「非天之降才爾殊也，其所

---

42 見《存性編》卷二「妄見圖」，《顏李叢書》第一冊，頁 168。
43 見《存性編》卷一〈駁氣質性惡〉，《顏李叢書》第一冊，頁 156。
44 見《存性編》卷二「妄見圖」，《顏李叢書》第一冊，頁 165。

以陷溺其心者然也。」荀子則認為所謂「生而有」，就
是本性，而本性具有的，乃是好利、疾惡，及聲色等耳
目之欲，如果任其發展，則會走上爭奪、殘賊、淫亂的
路子，可見荀子是就情欲之性的流弊說性惡，而由外在
環境的影響及內在的積學工夫則可以使人化性起偽。

　　顏習齋是參酌孟子的性善論，主張理氣純善，性、
情、才也都是善的。然而在現實中，卻有「惡」的存在，
顏習齋如何解釋惡的來源？他認為：「其所謂惡者，乃
由引蔽習染四字為之崇也」[45]，進而提出「引蔽習染」
之說。顏習齋舉衣為例：

> 惡何以生也，則如衣之著塵觸污，人見其失本色
> 而厭觀也，命之曰污衣，其實乃外染所成。有成
> 衣即被污者，有久而後污者，有染一二分污者，
> 有三四分以至什百全污不可知其本色者；僅只須
> 煩挼滌澣以去其染著之塵污已耳，而乃謂洗去其
> 襟裾也，豈理也哉！是則不特成衣不可謂之污，
> 雖極垢敝，亦不可謂衣本有污。（《存性編》卷
> 一〈棉桃喻性〉）

45　見《存學編》卷一〈上太倉陸桴亭先生書〉，《顏李叢書》第一冊，
　　頁 132。有關惡起於引蔽習染之說，顏習齋曾多次提及，《年譜》
　　卷上「己酉三十五歲」條：「氣質清濁厚薄，萬有不同，總歸一善。
　　至於惡，則後起之引蔽習染也。」「壬子二十八歲」條：「人之氣
　　質雖各有差等，而俱善；惡者，乃由引蔽習染也。」見頁二三和
　　頁 36。

　　衣服本來是乾淨的，由於「著塵觸污」變成「污衣」，就認為衣服原本就是髒的，而不知棉布原來的素白。顏習齋指出，「幣帛素色，而既污之後，遂呼之曰赤帛黑帛也，而豈其材之本然哉？」因此，即使衣服積穢，也不能說本來是污[46]。顏習齋又以水為喻：

> 水出泉，若皆行石路，雖自西海達於東海，毫不加濁。其有濁者，及虧土染之，不可謂水本清而流濁也。知者為土所染，非水之氣質，則知惡是外物染乎性，非人之氣質也。（《存性編》卷一〈性理評〉）

　　污衣是由於著塵觸污，赤帛黑帛也是由於染色而成，至於水濁，更是由於虧土染污，而不是衣、水的本質，同樣地，「貪溺昧罔，亦必有外物引之，遂為所蔽而僻焉，久之相習而成」[47]，顏習齋以此論證人的惡行是因後天「引蔽習染」所致，並非人的本質。

　　顏習齋進一步闡述「引蔽習染」：

> 財色誘於外，引而之左，則蔽其當愛而不見愛，其所不當愛而貪營之，剛惡出焉，私小據於己；

---

46 見《存性編》卷二「妄見圖」，《顏李叢書》第一冊，頁 168。
47 見《存性編》卷一〈性理評〉，《顏李叢書》第一冊，頁 159。

引而之右，則蔽其當愛而不見愛，其所不當愛而
鄙吝之，柔惡出焉，以至羞惡被引，而為侮奪殘
忍；辭讓被引而為偽飾諂媚；是非被引而為奸雄
小巧。種種之惡所從來也。……引愈頻而蔽愈遠，
習漸久而漸深，以至染成貪營鄙吝之性之情，而
本來之義不可知矣；染成偽飾諂媚之性之情，與
奸雄小巧之性之情，而本來之禮智俱不可知矣。
嗚呼，禍始引蔽，成於習染。（《存性編》卷二
「妄見圖」）

「引蔽」是遭受外界不良事物及現象的引誘，而致
蒙蔽；「習染」是指長期浸染於不良的習慣，如此積習
漸漬而成為惡。所以，在顏習齋看來，「賊在色不在目，
賊更在非禮之色，不在色也」[48]，人因外界引蔽，誤用
其情[49]，而形成習染，因此，「惡」是後天形成的。

人由於引蔽習染的緣故，情感與行為和仁義禮智的
要求產生矛盾，比如以仁之一端來看，受財色的誘惑，
愛其不當愛，「見妻子可愛，反以愛父母者愛之，父母
反不愛焉；見鳥獸草木可愛，反以愛人者愛之，人反不
愛焉」，甚至「貪所愛而弒父弒君」，「吝所愛而殺身

48　見《存人編》卷一〈喚迷途〉「第二喚」，《顏李叢書》第一冊，頁
　　184。
49　顏習齋說：「耳聽邪聲，目視邪色，非耳目之罪也，亦非視聽之罪
　　也，皆誤也，皆誤用其情，誤始惡。」見《存性編》卷二「妄見
　　圖」，《顏李叢書》第一冊，頁169。

喪國」[50]。然而，放蕩縱欲，恣情肆意，均不能歸罪於愛。愛本身不是惡，只有在當愛而不愛，誤用其愛時才是惡。

顏習齋認為，氣稟的不同，初步決定人們是否易於引蔽習染，但氣質偏駁只是易於引蔽習染而為惡，氣質本身仍是善的，「不惟有生之初不可謂氣質有惡，即習染兇極之餘，亦不可謂氣質有惡」[51]，正所謂「水流未遠而濁，是水出泉即遇易虧之土，水全無與也，水亦無如何也」。而「人之自幼而惡，是本身氣質偏駁，易於引蔽習染，人與有責也，人可自力」[52]，如同污衣經過洗滌捯澣之後，可以復潔[53]而「水之氣質，其濁之者，乃雜入水性本無之土」[54]，濁水沈澱就可以變為清水。因此，人性也可以由惡復善，而關鍵就在於用力與否，所以顏習齋說：「人為萬物之靈，又非幣帛所可倫也。幣帛既染，雖故質尚在，而驟不能復素；人則極凶大憝，本體自在，止視反不反，力不力耳。」[55]

未受引蔽，則性情才皆顯本然，表裡一致，內外無

50　以上三段引文，見《存性編》卷二「妄見圖」，《顏李叢書》第一冊，頁169。
51　見《存性編》卷二「妄見圖」，《顏李叢書》第一冊，頁169。
52　以上二段引文，見《存性編》卷一〈性理評〉，《顏李叢書》第一冊，頁160。
53　顏習齋在《存性編》卷一〈棉桃喻性〉中，以衣為例，說明性本非惡，又說：「但外染有淺深，則捯澣有難易，若百倍其功，縱積穢可以復潔，如莫為之力，即蠅點不能復素。」
54　見《存性編》卷一〈借水喻性〉，《顏李叢書》第一冊，頁156。
55　見《存性編》卷二「妄見圖」，《顏李叢書》第一冊，頁168。

別；若受引蔽，積習漸漬則為惡，而如何正其習染，不為引蔽所誤，在顏習齋看來，「為絲毫之惡，皆自玷其本體；極神聖之喜，止自踐其形骸」[56]，透過「踐形」，才能防止「引蔽習染」的侵襲，彰顯本性之善。

四、踐形盡性

人如何去惡成善、成聖，也是人性論所要探討的內容。顏習齋遠承孟子的性善觀點，但孟子是由心言性，由心善說性善，並由此盡心養性的擴充工夫，彰顯人心所具有的仁義禮智之善性。顏習齋卻是由實踐的工夫說人性，而主張「踐形盡性」，他說：「夫性者，據形求之；盡性者，於形盡之。」[57]由於顏習齋重視氣質，認為形性不離，所以，欲盡性，就應善用天賦的肢體感官，置身於實事實物之中，發揮其功能。顏習齋首先肯定人性、氣質之善，在此基礎上，提出「踐形盡性」，透過實際的行動，使自己的形體習動起來，以充分發揮人的本性。

顏習齋認為，若形體紋絲不動，則無法盡性，所以說：「予之視、聽、言、動果克己復禮，踐形而盡性也，則存性於身矣；諸友信拙言而皆踐形盡性也，則存性於

---

56 見《年譜》卷上「壬子三十八歲」條，頁 36。
57 見《存人編》卷一〈喚迷途〉「第二喚」，《顏李叢書》第一冊，頁 184。

世矣。」[58]積極地倡導形體作用的發揮：「目徹四方之色，適以大吾目性之用」，「耳達四境之聲，正以宣吾耳性之用，推之口鼻手足心意咸若是」[59]，在身體活動之中，發揮本性的作用，使人性之善得以朗現。

　　「踐形盡性」，著重強調躬身實踐的重要性，由此也挺顯了顏習齋修養工夫的特色。

第三節　修養論

　　中國哲學重視實踐，著重點落在生命與德性上，這是一種成德之教，以自己的生命本身為學問的主題，從實踐的態度出發，而以完成德性人格為目的，在個人有限生命中取得無限圓滿的意義。雖然前人對人性的主張各有不同，但是認為人性有待修養，卻是大部分中國哲學家的共識，所以歷代哲學家對修養與實踐的工夫，均極講究。孔子的修養工夫，以「博學於文」、「約之以禮」為主；孟子則有知言養氣、擴充四端、盡心知性、存心養性等工夫；荀子主張「化性起偽」，以禮義積學

---

58 見《習齋記餘》卷一〈未墜集序〉，《顏李叢書》第一冊，頁二六一。而李恕谷曾云：「聖學踐形以盡性也，耳聰目明，踐耳目之形；手恭足重，踐手足之形也；身修心叡，踐身心之形也。形踐，而仁、義、禮、智之性盡矣。」(《恕谷先生年譜》卷四「巳丑五十一歲」)可說是顏習齋「踐形盡性」之說的最佳註腳。

59 以上引文，見《存人編》卷一〈喚迷途〉「第二喚」，《顏李叢書》第一冊，頁 184。

為工夫。老子以守柔、無為、儉樸、虛靜、寡欲、棄智、絕學為工夫；莊子則有心齋、坐忘等工夫。先秦儒、道兩家都指出了工夫的進路，但並未發展出一套完整細密的工夫理論。宋明儒者卻是以修養工夫之探究為重要的課題。

宋明儒論工夫，有周濂溪的「主靜、立人極」，張橫渠的「變化氣質、繼善成性」，程明道的「識仁、定性」，程伊川的「主敬致知」，朱子的「涵養察識、即物窮理」，陸象山的「先立其大」，胡五峰、劉蕺山的「盡心成性、以心著性」，以及王陽明的「致良知」，都是要體證本體，使本體通過工夫而呈現起用。

顏習齋平生為學務實，著重於行，對宋明儒的修養工夫頗不以為然。他的修養方法是落在動態的習行上，強調身心均須習動，尤以身體的勞動為主，避開了玄妙的心性工夫。

一、反躬自省，改過遷善

顏習齋認為，人若為外物所引蔽，身習染之，善性則無以呈現，遂生惡行，所以勉人自我省察，絲毫不懈，並由此持善改過。而習齋本身對反省的工夫更是重視，自定日記，過惡記於紙上，時時刻刻自省自警。《年譜》中記載：「甲辰三十歲：自勘過，易怒多言。」「己未四十五歲：思考將至，而身心未可自信，如作聖初志何？

又思致用恐成馬謖，宜及時自改。」[60]藉著自我反省，檢討生活上的利弊得失，作為改善的依據，所以他說：

> 凡過皆記，雖盈冊無妨，終有改日也。若不錄，即百過盡銷，更愧以終無改機也。（《年譜》卷上「辛亥三十七歲」條）

依習齋之見，「吾學無他，只遷善改過四字，日日改遷，便是工夫；終身改遷，便是效驗」[61]，因此「無論大小，皆須以全副力量赴之，方是主忠信、徙義之學」[62]，也是「吾儒作聖賢第一義」[63]。「改過遷善」，是「實地工夫」，是「日新之學」[64]，而顏習齋對於「日新」的意義，有更進一步的詮釋：

> 盤銘云「苟日新」，振起自滌矣，日豈一日乎？

---

60 見《年譜》，頁 14、51。顏習齋定日記以為自我反省之資，至七十歲時，猶發出「反身自證，無一端可對堯舜周孔而無慚者」之語。

61 見《顏習齋先生言行錄》卷下〈王次亭第十二〉，《顏李叢書》第一冊，頁 106。

62 見《顏習齋先生言行錄》卷上〈言卜第四〉，《顏李叢書》第一冊，頁 93。

63 顏習齋說：「改過遷善，吾儒作聖賢第一義也；規過勸善，吾儒交朋友第一義也。」見《顏習齋先生言行錄》卷下〈王次亭第十二〉，《顏李叢書》第一冊，頁 106。

64 顏習齋認為，「改過遷善，吾人實地工夫也，誠逐日有過可改，有善可遷，即日新之學」。見《顏習齋先生言行錄》卷下〈杜生第十五〉，《顏李叢書》第一冊，頁 111。

而復云「日日新」，蓋日新，雖上智不能保無間
斷也。日日已無歇工矣。何必云「又日」？蓋功
雖有常，不能保久而不因循惰怠也，其必學習曾
子之日省。（《顏習齋先生言行錄》卷下〈教及
門第十四〉）

因此，顏習齋重視日省之功，時時以自新為念，振
起自滌而不因循怠惰。

由上所述，可見反躬自省，遷善改過，是顏習齋修
養論的重要義涵。

二、習行六藝，循序漸進

顏習齋說：「惟如孔門求仁，孟子存心養性，則明
吾性之善，而耳目口鼻皆奉令而盡職，故大學之道曰『明
明德』，……使氣質皆如其天則之正，一切邪色淫聲，
自不得引蔽，又何習於惡，染於惡之足患乎？」[65]因而
主張去其引染，當「明明德」[66]，若能「明明德」，則
「引蔽自不乘」[67]。

習齋明白指出「明明德之學」就是「三事六府六德

65　見《存性編》卷一〈明明德〉，《顏李叢書》第一冊，頁156。
66　顏習齋說：「氣質偏駁者，欲使私欲不能引染，如之何？惟在明明
　　德而已。」見《存性編》卷二「妄見圖」，《顏李叢書》第一冊，
　　頁169。
67　見《存性編》卷二「妄見圖」：「人則明明德，而引蔽自不乘。」
　　《顏李叢書》第一冊，頁170。

六行六藝之學」[68]。「三事」指的是「正德、利用、厚生」；「六府」指的是「水火金木土穀」[69]；六德、六行、六藝合稱「三物」，「六德」是知行聖義中和；「六行」是孝友睦姻任恤；「六藝」是禮樂射御書數[70]。

而在三事三物之中，顏習齋特別重視身習六藝，他認為：

> 先王知人不習於所本有之善，必習於性所本無之惡，故因人性之所必至，天道之所必然，而制為禮樂射御書數，使人習其性之所本有，而性之所本無者不得引之蔽之，不引蔽則自不習染，而人得免於惡。（《顏習齋先生言行錄》卷上〈學人第五〉）

習齋主張「學從六藝入，其中涵濡性情，歷練經濟，

---

68 見《存性編》卷二「妄見圖」，《顏李叢書》第一冊，頁 169-170。

69 「三事六府」，主要依據《古文尚書‧大禹謨》所言，「禹曰：『於，帝念哉！德惟善政，政在養民。水火金木土穀惟修；正德、利用、厚生惟和。』帝曰：『俞！地平天成，六府三事允治，萬世永賴，時乃功！』」見《尚書》（台北：藝文印書館，十三經注疏本），頁五三。此外，在《左傳‧文公七年》也記載：「六府三事，謂之九功。水火金木土穀，謂之六府；正德、利用、厚生，謂之三事。」見《左傳》（台北：藝文印書館，十三經注疏本），頁 319。

70 顏習齋「三物」的提出，依據《周禮‧大司徒》，所謂：「以鄉三物教萬民，而賓興之。一曰六德，知仁聖義忠和；二曰六行，孝友睦姻任恤；三曰六藝，禮樂射御書數。」見《周禮》（台北：藝文印書館，十三經注疏本），頁 160。

不得躐等，力之所至，見斯至焉」[71]。習行六藝，自足以去其引蔽習染，自足以存養省察[72]。

顏習齋十分推崇《論語‧學而》首章「時習」之義：

> 孔子開章第一句，道盡學宗，思過讀過，總不如學過，一學便住，也終殆不如習過；習三兩次，終不與我合一，總不如時習方能有得。習與性成，方是乾乾不息。（《顏習齋先生言行錄》卷下〈學須第十三〉）

思不如學，學不如思，顏習齋以「習行六藝」作為一種修養方法，正因為六藝非讀講可就，需有踐履之功，在習中熟識，在行中實踐，「習之久，而所習無非善矣」[73]。而修養工夫，必須「循序習行，盈科漸進」[74]，「先之以六藝」，持之以恆，「則所以為六行之材具，六德之妙用，藝精則行實，行實則德成」[75]。

---

71 見《存性編》卷一〈性理評〉，《顏李叢書》第一冊，頁 162。
72 顏習齋指出：「存養省察，磨勵乎《詩》、《書》之中，涵濡乎禮樂之場，周孔教人之成法固在也。」見《存性編》卷二「妄見圖」，《顏李叢書》第一冊，頁 169。
73 見《顏習齋先生言行錄》卷下〈不為第十八〉，《顏李叢書》第一冊，頁 114。
74 見《四書正誤》卷六「孟子下」，《顏李叢書》第一冊，頁 80。
75 見《四書正誤》卷三「論語上」，《顏李叢書》第一冊，頁 63。

三、習恭持敬，正心修身

顏習齋認為，宋儒主靜之說，入於釋老虛無，有害身心，並非實際的修養工夫，因此提出以「習恭」為存養的方法，習齋說：

> 靜坐是身心俱不動之謂，空之別名也；習恭是吾儒整修九容工夫。愧不能如堯之允、舜之溫、孔之安，故習之。習恭與靜坐，天淵之分也。（《顏習齋先生言行錄》卷下〈王次亭第十二〉）

《年譜》中也記載：「習恭，日日習之，即《論語》『居處恭也』，自驗身心氣象與靜坐時天淵。」[76]又說：「以衰病，不能理他功，惟常習恭。覺萎怠，習恭莊；覺放肆，習恭謹；覺暴戾，習溫恭；覺矜張，習謙恭；覺多言，習恭默；覺矯揉，習恭安。」[77]可見顏習齋之「習恭」，注重言語威儀等外在的整飭，「習恭」在於習，習則須動，所以習恭和靜坐有別。

李恕谷曾問：「近日此心提起，萬慮不擾，祇是一團生理，是存養否？」習齋回答：「觀足下九容之功不肅，此禪也，數百年理學所以自欺也。予素用力，靜則提醒，動則剛辨，而總以不自恕，蓋必身心一齊竦起，

---

76 見《年譜》卷上「辛亥三十七歲」條，頁 34。
77 見《年譜》卷下「己卯六十五歲」條，頁 95。

乃為存養，不然則以釋氏之照徹萬象，混吾儒之萬物一體矣。」[78]此以「習恭」為修養九容的工夫，使「頭容直，氣容肅，立容德，目容端，色容莊，口容止，聲容靜，手容恭，足容重」[79]，主張以動代靜，專要人在習行上著力。顏習齋教導門人：

> 習端坐功，正冠整衣，挺身平肱，手交當心，目視鼻準，頭必直，神必悚，如此扶起本心之天理，天理作主，則諸妄自退德矣。（《顏習齋先生言行錄》卷上〈學人第五〉）

勉人於外表儀態戒惕修養，藉「束身以斂心」[80]。

顏習齋用「習恭」而不用「習敬」，無非因宋儒主敬，又因敬字偏於內在涵養，恭則是外在的工夫[81]。然而，「習恭」實含「敬」意，習齋說：

78　以上問答，見《恕谷先生年譜》卷二「己巳三十一歲」，收入《顏李叢書》第一冊，頁 364。

79　見《恕谷先生年譜》卷五「己亥六十一歲」，《顏李叢書》第一冊，頁 414。

80　見《年譜》卷下「己卯六十五歲」條，頁 95。

81　何佑森先生認為：《論語》恭敬並言處甚多，顏習齋讀《論語》，用習恭而不用習敬，是因宋儒主敬，敬是內在涵養，是靜的；恭字是外在工夫，是動的。顏習齋的用心，無非是要排斥宋儒的持敬和靜坐而已。詳見何佑森：〈顏習齋和李恕谷的學術異同〉，《文史哲學報》第十八期（民國五十八年五月），頁 418-441。本文所引論點，見頁 422。

孔門之敬，合內外打成一片，即整物九容是也。
故曰修己以敬，百事無不精詳，即堯舜和三事，
修六府，周禮之六行六藝是也。故〈堯典〉諸事
皆「欽」，孔門曰「敬事」，曰「執事敬」。（《顏
習齋先生言行錄》卷下〈學問第二十〉）

顏習齋認為：「人欲，污心之塵垢也；天理，洗心
之清涼也；而持敬則淨拭之潤巾」[82]，「內篤敬而外肅
容，人之本體也，靜時踐其形也；六藝習而百事當，性
之良能也，動時踐其形也」[83]。由此看來，習恭雖含敬
意，工夫卻還是強調外在行為的束斂，仍有別於宋儒主
敬的內省工夫。

在顏習齋看來，「人心，動物也，習於事則有所寄
而不妄動，故吾儒時習力行，皆所以治心」[84]，而「養
身莫善於習動，夙興夜寐，振起精神，尋事去作，行之
有常，並不困疲，日益精壯」[85]，經由時習力行，可使
心有所寄託而不妄動；透過習行勞動，可以強身進德，
正所謂「正心修身」。

然而，「正心不是懸空說正，須使安頓在仁、義、

---

82 見《顏習齋先生言行錄》卷下〈學問第二十〉，《顏李叢書》第一
　冊，頁 117。
83 見《年譜》卷下「庚什五十六歲」條，頁 71。
84 見《顏習齋先生言行錄》卷上〈剛峰第七〉，《顏李叢書》第一冊，
　頁 99。
85 見《顏習齋先生言行錄》卷上〈學人第五〉，《顏李叢書》第一冊，
　頁 95。

禮、智上，不使引蔽偏向財色私慾上去才是。修身不是
懸空說修，須如夫子齋明盛服，非禮不動才是」[86]，可
見「正心修身」不能離開事功，所以顏習齋說：

> 古人正心修身齊家，專在治情上用功夫，治情專
> 在平好惡上用功夫，平好惡又專在待人接物上用
> 功夫。（《四書正誤》卷一「大學」）

「正心修身」必須在待人處事上用功夫，也就是必
須切於實事實物去努力，所以說：

> 身無事幹，尋事去幹；心無理思，尋理去思。習
> 此身使動，習此心使存，此便是闇修，此便是閒
> 居為善，此便是存心養性，此便是豫立。（《顏
> 習齋先生言行錄》卷下〈鼓琴第十一〉）

「心有事則心存，身有事則身修」[87]，讓身心投注
在做事理思的活動中，從事身心修養，如此習行才能顯
其功效。

正心修身，須在實事實物上習行，也就不能離開三

---

86 見《顏習齋先生言行錄》卷上〈學人第五〉，《顏李叢書》第一冊，
頁 96。
87 顏習齋告訴門人說：「孟子『必有事焉』句是聖學真傳。心有事則
心存，身有事則身修，至於家之齊，國之治，皆有事也。」見《年
譜》卷下「甲申七十歲」條，頁 102。

事三物之學而論,「周公孔子當逆知後世離事物以為道,舍事物以為學,故德行藝統名之曰三物。明乎藝固事物之功,德行亦在事物上。修德制行,懸空當不得,他名目混不得」[88],因此,顏習齋主張「身心道藝一致加功」[89],簡言之就是習行六藝,以整飾身體,涵養心性。透過六藝陶治,禮之規範[90],就能遠於引蔽習染,以正心修身。

　　綜上所述,顏習齋強調的修養工夫始終外落,偏重於外在的規範以整肅身心,李恕谷曾說顏習齋「束身以斂心功多,養心以範身功少」[91],正可標示出顏習齋與宋儒修養工夫的差異。

第四節　知識論

　　吳康先生在《哲學大綱》一書中提到哲學的分類,

---

88 見《顏習齋先生言行錄》卷上〈三代第九〉,《顏李叢書》第一冊,頁 101。
89 見《存學編》卷一〈學辯一〉,《顏李叢書》第一冊,頁 133。
90 六藝之中,顏習齋尤重視禮,正所謂「大學明德之道,無時不可學,無日不可時習,如時時敬其心,即孔子所謂齋,習禮於心也;時時提醒撕覺,莫令昏蔽,即孔子所謂明,亦習禮於心也。每日正其衣冠,潔淨整齊,非法服不服,即孔子盛服,習禮於身也。至目容端,習禮於視也;口容止,聲容靜,習禮於言也;至於手容恭,立容德,習禮於持行也。凡九容曲禮,無非習禮於身也,禮真斯須不可去者。」見《顏習齋先生言行錄》卷下〈教及門第十四〉,《顏李叢書》第一冊,頁 109。
91 見《年譜》卷下「己卯六十五歲」條,頁 93。

其中一項是關於知識的問題，也就是所謂的知識論或方法論，包含知識的形式原理 —— 邏輯，是論求知的方法；以及知識的質料原理 —— 認識論，是論知識的內容[92]。

　　早在先秦時代，思想家就對認識論問題進行探討，對知識的來源、求知的方法和途徑、知行的難易、知行在認識過程中的地位等問題，都有初步的研究，闡發各種的知行觀。宋至清代，知行問題更成為哲學理論的中心問題之一[93]。因此，不可否認的，中國哲學中存有知識方法的討論。然而，中國哲學重視道德實踐，成就人格比成就知識更重要，所以討論知識方法的知識論與說明推理規則的邏輯，在中國哲學中所佔的份量並不多。雖然有惠施、公孫龍等名家，及墨辯中的邏輯與知識論思想，但多屬單篇零簡，不成完整體系，即使在討論知行關係，闡釋格物致知，重心仍然在人生哲學，與道德修養方法相結合，而非建構知識系統的理論和方法。

　　顏習齋在哲學知識論上，對知與行的關連，發表許多見解，闡明認識對實踐的依賴性，認為知識從「行」中出，據此又對傳統的命題「格物致知」[94]，作出獨特的解釋，主張「見理於事」，「由行得知」，表現出重

92　參見吳康：《哲學大綱》，頁三三。
93　參見方立天：《中國古代哲學問題發展史》下冊，頁九〇〇。
94　歷來對格物致知解之者，眾說紛紜，莫衷一是。明代劉宗周曾說：「前後言『格物』者，七十有二家。」見陳確〈大學辨〉一，《陳確集》，頁 557。唐君毅：《中國哲學原論》第九章也提到：「於是宋以來，言大學格物者，乃據云七十餘家之多，而八百年之公案，至今未決。」

實行踐履的知行觀。以下即分別加以討論。

一、知行關係

　　中國哲學對於知行關係的探討，主要圍繞知行先後、知行輕重、知行難易等問題而展開。就知行先後問題而言，有主張知先行後的，典型代表人物是程、朱，強調先致知，後涵養。有持行先知後觀點的，代表人物是王夫之、顏習齋，二人都主張行而後有知，知從行出。還有主張知行合一的，以王陽明為典型代表人物。就知行的輕重問題而言，程頤的「以知為本」說就是強調重知的；墨家、王夫之等明確地主張行重知輕，朱熹雖和程頤一樣，持知先行後說，卻是主張行重知輕。王廷相的「知行並舉」說，則是知行並重的典型論點。就知行的難易問題而言，重行的朱熹和王夫之都贊同《古文尚書·說命中》的「非知之艱，行之惟艱」的命題，主張知易行難[95]。顏習齋則把重行推向極致，只在習行上做工夫，主張在行中學，在行中求知。

　　顏習齋認為人是萬物之靈，有知覺意識活動，有認識事物的能力，而事物是人認識的基礎，沒有客觀的事物，人也就無從認識，他說：

95　參見方立天：《中國古代哲學問題發展史》下冊，頁 903。另外張
　　立文：《中國哲學範疇發展史——人道篇》（五南圖書出版有限公
　　司，民國八十六年一月），第十章〈知行論〉，頁 567-604，對中
　　國哲學知行範疇也有詳細的論述。

> 知無體，以物為體，猶之目無體，以形色為體也。
> 故人目雖明，非視黑視白，明無由用也；人心雖
> 靈，非玩東玩西，靈無由施也。（《四書正誤》
> 卷一「大學」）

　　說明人雖有認識事物的能力，但目「非視黑視白」，心「非玩東玩西」，不和外界事物接觸，還是不會產生知識。當人們進行認識活動時，必須有客觀的事物作為對象，好比眼睛必須以事物為對象進行視覺活動；心也必須以事物為對象進行思維活動。簡言之就是認識的主體，須以客觀事物為基礎，離開客觀事物，人就無法獲得知識，「知」是依賴「物」的。

　　而想要獲得對客觀事物的認識，顏習齋特別強調在具體事物上的實踐。顏習齋認為真正在生活中用得上的，還是從實踐中得來的知識，甚至把實際經驗看得比書本知識更重要，習齋說：「心上思過，口上講過，書上見過，都不得力，臨事時依舊是所習者出。」[96]因為「讀書特致知之一端」[97]，「使為學為教，用力於講讀者一二，加工於習行者八九」[98]，讀書只是取得知識的方法之一，主要還是「習行」；若「從靜坐、讀書中討

96　見《存學編》卷一〈學辯二〉，《顏李叢書》第一冊，頁134

97　見《顏習齋先生言行錄》卷上〈法乾第六〉，《顏李叢書》第一冊，頁97。

98　見《存學編》卷一〈總論諸儒講學〉，《顏李叢書》第一冊，頁129。

來的識見議論，便如望梅、畫餅，靠之飲食渴飲不得」[99]。因此，在習齋看來，「讀得書來，口會說，筆會做，都不濟事，須是身上行出，才算學問」[100]，堅持生活實踐為本的原則，認為只有親身實行，具有實踐經驗才算有知識。

至於書本知識正確與否，更必須通過實踐來檢驗[101]，也就是說一個人是否具有某種知識，是否真正掌握某種能力，須通過實踐來考察，而不只是能說會道，因此，顏習齋主張將書本知識和實際經驗結合起來，以學醫為例：

> 今有妄人者，止務覽醫書千百卷，熟讀詳說，以為予國手矣。視診脈、製藥、針灸、摩砭以為術家之粗，不足學也。書日博，識日精，一人倡之，舉世效之，歧黃盈天下，而天下之人，病相枕，死相接也，可謂明醫乎？愚以為從事方脈、藥餌、針灸、摩砭、療疾救世者，所以為醫也，讀書取以明此也。若讀盡醫書而鄙視方脈、藥餌、針灸、摩砭，妄人也。（《存學編》卷一〈學辯一〉）

99　見《存學編》卷二〈性理評〉，《顏李叢書》第一冊，頁 140。
100　見《習齋記餘》卷四〈答齊篤公秀才贈號書〉，《顏李叢書》第一冊，頁 289。
101　顏習齋說：「學問以用而見其得失，口筆之得者不足恃。」主張學問的得失必須通過「用」來檢驗，反對徒事口筆的空談無用之學。詳見《年譜》卷上「丁巳四十三歲」條，頁 48。

　　顏習齋認為，讀醫書以明醫理，但只明醫理而不會實際行醫，醫理再熟也沒有用。熟讀醫書獲得的知識是純粹理論性的，診脈、製藥、針灸、摩砭則是在具體事物上的實踐，透過實踐，才具有效性。

　　總之，依習齋之見，認識不能離開事物，知識不能離開實踐，將知與行合為一事[102]，而強調「行」在獲知中的作用，由「行」可得「知」，正所謂「力之所至，見斯至矣」[103]。

二、格物致知

　　由知識的來源與踐行的關係，到探討主觀認識與客觀對象的關係，再進而探討格物與致知的認識方法與途徑。

　　「格物致知」始見於《大學》：「欲誠其意，先致其知，致知在格物。物格而后知至，知至而后意誠，意誠而后心正，心正而后身修，身修而后家齊，家齊而后國治，國治而后天下平。」在宋代以前，言「格致」多限於訓詁，如漢代鄭玄訓「格」為「來」，以「物」為「事」。宋代理學家開始從認識論的角度來闡釋，如朱熹訓「格」為「至」，解「格物致知」為「即物而窮其

---

102 顏習齋不同意朱子特知行判為兩途，而認為「行不及，知亦不及」。見《存性編》卷三〈性理評〉，《顏李叢書》第一冊，頁 149。
103 見《存性編》卷一〈性理評〉，《顏李叢書》第一冊，頁 162。

理」[104]；王守仁訓「格」為「正」，解「物」為「事」，「格物」即為「正事」[105]。而顏習齋則認為知識來源於實踐，從重習行的觀點出發，吸取史書說法[106]，對「格物致知」重新加以詮釋，習齋說：

> 格物之「格」，王門訓「正」，朱門訓「至」，漢儒訓「來」，似皆未穩。竊聞未窺聖人之行者，宜證之聖人之言；未解聖人之言者，宜證諸聖人之行。但觀聖門如何用功，便定格物之訓矣。元謂當如史書「手格猛獸」之「格」，「手格殺之」之「格」，乃犯手捶打搓弄之義，即孔門六藝之教是也。（《習齋記餘》卷六〈閱張氏王學質疑評〉）

　　顏習齋由「手格猛獸之格」解釋「格」字，又以「犯手實做其事」解釋「格物」[107]，賦予「格」以搏鬥和實行的涵義，強調在實際生活中知識技能與德行的磨鍊，

104　見朱熹：《大學章句》，《四書集註》（台北：學海出版社，民國七十八年八月），頁 4。
105　見王守仁：〈大學問〉，《王陽明傳習錄及大學問》（台北：黎明文化事業公司，民國七十八年五月三版），頁 190。
106　《史記·殷本紀》言紂「材力過人，手格猛獸」；又《後漢書·劉盆子傳》載有「皆可格殺」一語，李賢注：「相拒而殺之曰格」。
107　見《顏習齋先生言行錄》卷上〈剛峰第七〉，《顏李叢書》第一冊，頁 98。

也就是習行、用力於三事三物[108]。

　　至於「致」的字義訓詁，顏習齋解為：「致者，推而極之也。」又說：「推者，用力擴拓去，自此及彼，自內而外，自近遠之辭也。推而極之，則又無彼不及，無外不周，無遠不到之意也。」[109]「用力擴拓去」的「致知」，也是透過身習實踐，窮究事物的每一層面，將知識和實際經驗融而為一，以掌握事物的實情。因此，習齋在回答李植秀所問「格物致知」時，就說：「今之言致知者，不過讀書、講問、思辨已耳，不知致吾知也，皆不在此也。」[110]而進一步舉禮樂二事作全面解釋：

> 譬如欲知禮，任讀幾百遍禮書，講問幾十次，思辨幾十層，總不算知。直須跪拜周旋，捧玉爵，執幣帛，親下手一番，方知禮是如此，知禮者斯至矣。譬如欲知樂，任讀樂譜幾百遍，講問、思辨幾十層，總不能知。直須搏拊擊吹，口歌身舞，親下手一番，方知樂是如此，知樂者斯至矣。是

108　顏習齋認為「格物」之「物」，指的是堯舜三事六府、周孔三物，如《年譜》記載：「德行藝總名曰物。」（見「辛酉四十七歲」條，頁 55。）顏習齋又說：「六德即堯舜所為正德也；六行即堯舜所為厚生也；六藝即堯舜所為利用也。」（見《習齋記餘》卷三〈寄桐鄉錢生曉城書〉，《顏李叢書》第一冊，頁 278。）顏習齋將三事與三物結合，可知習齋所謂的物也就是事。

109　以上二段引文，見《四書正誤》卷二「中庸」，《顏李叢書》第一冊，頁 50。

110　見《四書正誤》卷一「大學」，《顏李叢書》第一冊，頁 47。

謂物格而後知至。（《四書正誤》卷一「大學」）

「講究禮樂，雖十分透徹，若不身為周旋，手為吹擊，終是不知」，所以習齋說「致知在格物」[111]。

顏習齋又列舉其他事例來說明「手格其物而後知至」：「如此菔蔬，雖上智老圃，不知為可食之物也，雖從形色料為可食之物，亦不知味之如何辛也，必箸取而納之口，乃知如此味辛」[112]，可見顏習齋的格物著重力行，須在事物上「親下手一番」，才能辨別出箇中道理，才能得到實用的知識。

三、習事見理

顏習齋認為：「理者，木之紋理也」[113]，木中原有條理，非木外別有一理，而木為理之所附，捨木便無所為理，推而言之，凡事凡物都有條理，理存於事物之中，除卻事物，則無所謂理。因此，顏習齋主張「見理於事」、「習事見理」，要求到具體事物中去認識事理。

針對朱子「豈有見理已明而不能處事者」的觀點，習齋曾提出反駁，他說：

見理已明而不能處事者多矣，有宋儒諸先生便謂

---

111 見《顏習齋先生言行錄》卷上〈剛峰第七〉，《顏李叢書》第一冊，頁 98。
112 見《四書正誤》卷一「大學」，《顏李叢書》第一冊，頁 48。
113 見《四書正誤》卷六「孟子下」，《顏李叢書》第一冊，頁 85。

> 還是見理不明，只教人明理。孔子則只教人習事，
> 迫見理於事，則已徹上徹下矣。（《存學編》卷
> 二「性理評」）

　　依習齋之見，理既存於事物之中，要獲得真知，就
必須從事物中實踐而來，簡言之就是因行求知，由事見
理，事理既明，處事自然應付裕如。

　　「習事」在顏習齋的思想中佔有重要的地位，顏習
齋說：「習者，學之不已，如鳥數飛。」[114]可見「習」
即含有反覆實行的意義，習齋認為人應「向習行上做工
夫」，而不可「向語言文字上著力」[115]，只有在具體事
物上習行實踐，才能獲得有用的知識，才能明白事理。
而古人為學，也是全從真踐履，真涵養做工夫[116]，所以
說：

> 人之為學，心中思想，口內談論，儘有百千義理，
> 不如身上行一理之為實也。人之共學，印證詩書，
> 規勸功過，儘有無窮道理，不如大家共行一道之

114　顏習齋又說：「重習其所學，如鳥數飛以演翅。」（見《四書正誤》
　　卷三「論語上」，《顏李叢書》第一冊，頁 56。）兩段文字皆以
　　「鳥數飛」訓「習」字，是依《說文》的解釋，《說文解字》第
　　四篇上：「習，數飛也。」見段玉裁《說文解字注》（台北：黎明
　　文化事業公司，民國七十八年十月增訂五版），頁 139。
115　見《顏習齋先生言行錄》卷下〈王次亭第十二〉，《顏李叢書》第
　　一冊，頁 105。
116　見《四書正誤》卷三「論語上」，《顏李叢書》第一冊，頁 56。

為真也。（《顏習齋先生言行錄》卷下〈刁過之
第十九〉）

　　顏習齋又以親身的體會來說明：「吾嘗談天道性命，
若無甚扞格，一著手算九九數輒差。王子講冠禮若甚易，
一習初祝便差，以此知心中醒，口中說，紙上作，不從
身上習過，皆無用也。」[117]一切真知事理，都是從親身
實歷的習行中獲得，透過反覆地實行踐履，不斷地演練
躬行，由習事而著察，習之既久，臻於精熟，自能上達
而明理[118]。
　　總結而言，顏習齋對於「認識」，強調不離事物，
主張知識來自於實踐，想獲得真正有用的知識，體現知
識的實際效用，就必須親手實習，在具體的事物上去鍛
鍊，而知識的正確與否，也要透過親身實踐去檢驗。由
顏習齋「見理由於習事，致知必由格物」的觀點，突顯
了「實踐」地位的重要，因此，顏習齋的知識論可說是
「實踐的知識論」。

117　見《存學編》卷二〈性理評〉，《顏李叢書》第一冊，頁 125。
118　顏習齋說：「凡事必求精熟之至，是謂窮理。」見《存學編》卷
　　二〈性理評〉，《顏李叢書》第一冊，頁 137。

第三章　顏習齋哲學思想的落實

　　前章分別由顏習齋的宇宙論、人性論、修養論及知識論，探討習齋哲學思想的內涵，在這些不同的思想層面，可以發現：「習行」—— 動態的身習實踐，在顏習齋思想中特殊的地位。而且顏習齋又以「用」作為衡定事物價值的標準，一切事物，包括德行，都以「用」見其純駁得失；以合「用」與否，檢驗其價值[1]。因此，「致用」的觀念，在顏習齋思想中，也佔有絕對重要的地位。而在顏習齋的心目中，最具實用價值的學問，當屬三事三物之學，他將這些學問譽為「實位天地，實育萬物」之學[2]，要獲得這些學問，則須透過「習行」的途徑，「身實為之，身實習之」[3]。顏習齋就是在此「習行」、「致

1　顏習齋說：「德性以用而見其醇駁，口筆之醇者不足恃；學問以用而見其得失，口筆之得者不足恃。」見《年譜》卷上「丁巳四十三歲」條，頁48。

2　顏習齋說：「堯舜三事六府之道，周公孔子六德六行六藝之學，所以實位天地，實育萬物者，幾不見於乾坤中矣。」見《存學編》卷一〈上太倉陸桴亭先生書〉，《顏李叢書》第一冊，頁131。

3　見《存學編》卷一〈上太倉陸桴亭先生書〉，《顏李叢書》第一冊，頁131。顏習齋又說：「惟願主盟儒壇者，遠溯孔孟之功如彼，近察諸儒之效如此，而垂意於習之一字。」（《存學編》卷一〈總論諸儒講學〉）可見他對「習行」的重視。

用」的觀念主導下，展現與落實他的哲學思想。

第一節　對宋明理學的反省與批判

　　清初學者對於理學的批判，主要重點有二：一是批評理學近禪，一是批評理學空談心性，脫離現實生活[4]。如黃梨洲推崇陽明之學，卻批評四句教[5]虛無蹈空的一面；顧亭林則認為，「今之所謂理學，禪學也」[6]。近人林尹先生認為清初的學術「無一不為明學之反動」[7]，然而顏習齋不僅批判明學，對宋學也一併加以反對，其言辭的激烈與態度的堅決，更是獨具特色，這也使他在清初顧、黃、王三大儒者之外，擁有自己的一片天地。

　　顏習齋本是篤信宋明心性之學的，但由於親身體驗，後來歸本於實用事功，以為「儒之處也惟習行」，「儒之出也惟經濟」[8]。及南遊中州，見「人人禪子，家家虛文」，更是沈痛指出：「仙佛之害，止蔽庸人；程

4　參見林聰舜：《明清之際儒家思想的變遷與發展》，頁 269。
5　所謂「四句教」，指陽明「無善無惡是心之體，有善有惡是意之動，知善知惡是良知，為善去惡是格物」四句講學宗旨。
6　見〈與施愚山書〉，《亭林文集》卷三，《顧亭林詩文集》，頁 58。
7　參見林尹：《中國學術思想大綱》（台北：學生書局，民國四十二年一月），頁 230。書中提到說：「清初之學術，既無一不為明學之反動，故言理學者，亦大抵排明季之學風，而明復歸於程朱。」
8　二語見《習齋記餘》卷三〈寄桐鄉錢生曉城〉，《顏李叢書》第一冊，頁 279。

朱之害，偏迷賢知」[9]，認為「天下寧有異學，不可有假學」[10]，顏習齋於〈上太倉陸桴亭先生書〉中言：「趙氏運中，紛紛躋孔子廟庭者，皆修輯註解之士，猶然章句也；皆高坐講論之人，猶然清談也，甚至言孝弟忠信如何教，氣稟本有惡，其與老氏以禮義為忠信之薄，佛氏以耳目口鼻為六賊者，相去幾何也？故僕妄論宋儒，謂是集漢晉釋老之大成者則可，謂是堯舜周孔之正派則不可。」[11]於是對宋明理學提出嚴辭批評。顏習齋亦曾嘲諷自負為聖賢的宋儒說：

> 前之居汴也，生三四堯孔六七禹顏；後之南渡也，又生三四堯孔六七禹顏。而乃前有數十聖賢，上不見一扶危濟難之功，下不見一可相可將之材，兩手以二帝畀金，以汴京與豫矣；後有數十聖賢，上不見一扶危濟難之功，下不見一可相可將之材，兩手以少帝付海，以玉璽與元矣。多聖多賢之世，而乃如此乎？（《存學編》卷二〈性理評〉）

　　基於宋儒在事功上無能為力的體認，顏習齋是極力

9　見《年譜》卷下「癸酉五十九歲」條，頁 82。

10　顏習齋說：「天下寧有異學，不可有假學。異學能亂正學，而不能滅正學。有似是而非之學，乃滅之矣。」見《年譜》卷下「戊寅六十四歲」條，頁 91。

11　見《存學編》卷一〈上太倉陸桴亭先生書〉，《顏李叢書》第一冊，頁 131。

地提出批評[12]，而在對宋儒的反省與批判中，同時也展現了顏習齋注重習行、致用的哲學思想。

一、反對以氣質之性為惡

宋儒認為心性是成德工夫的根據，談成德問題，就脫離不了對心性問題的探討，因此宋明學者對心性義理多所闡發。張載提出「天地之性」和「氣質之性」的理論[13]，程朱接受並發揮了這一思想，認為「天地之性」是理的體現，是純善的；「氣質之性」由理和血氣染合而成，善惡相混，是惡的根源[14]。這種天命之性與氣質之性二分，且以氣質之性為惡的說法，到了明代引起許多反對的意見，如王廷相在〈答薛君采論性書〉中說：「人在二性，此宋儒之大惑也。……余以為人物之性，

12　錢穆先生說：「習齋評量宋儒，則不從其道德、學術著眼，即從其所輕之事功立論。蓋宋儒之所輕，正即習齋之所重也。」見《中國近三百年學術史》上冊，第五章〈顏習齋李恕谷〉，頁 179。

13　張載認為氣的本性叫做「天地之性」，是湛然純一，不偏的善性；人有形體之後才有的，叫做「氣質之性」，是有善有惡的性。因此，張載提出應當改變「氣質之性」，「以德勝氣」（〈正蒙・誠明篇〉），回歸到「天地之性」。

14　程顥、程頤和張載一樣，也把人性分為二。程顥把「天命之謂性」的性，又稱為「人生而靜以上」之性；把「生之謂性」的性，稱為「氣稟」之性。而程頤是把「天命之謂性」的性，又稱為「窮本極源之性」，還稱為「理性」，只有「理性」才稱為「性」，「氣質之性」則稱為「才」。朱熹綜合張載、二程的學說，對天命之性和氣質之性作了系統的論述，「論天地之性，則專指理言；論氣質之性，則以理與氣雜而言之。」（〈答鄭子上〉，《朱文公文集》卷五十八）天命之性就是人生所稟的天理，是至善的；氣質之性則由於氣的清濁不齊，而有善惡的不同。

無非氣質所為者，離氣言性，則性無處所，與虛同歸；
離性言氣，則氣非生動，與死同途。」另外劉蕺山說：
「凡言性者，皆指氣質而言也。……盈天地間，止有氣
質之性，更無義理之性。」[15]然而對這個問題駁得最多，
且還能賦予氣質之性以新義，是顏習齋[16]。

　　顏習齋抨擊宋儒，主要以朱子為對象，尤其對朱子
論性的觀點，深表不以為然。朱子認為氣有清濁，而以
紙喻氣質，以光喻性，拆去了紙便自是光。習齋批評這
是不合邏輯的，他說：「此紙原以罩燈火者，欲燈明，
必拆去紙。氣質則不然，氣質拘此性，即從此氣質明此
性，還用此氣質發用此性，何為拆去？且何以拆去？」
朱子又以清水喻天性，以水濁喻氣質，顏習齋則認為這
是烏有的假定，因為天下之水沒有「流至海而不污者」，
所以說：「水流未遠而濁，是水出泉即遇易虧之土，水
全無與也，水亦無如何也。人之自幼而惡，是本身氣質
偏駁，易於引蔽習染，人與有責也，人可自力也，如何
可倫？」顏習齋又進一步以牆為喻：「人家牆卑，易於
招盜，牆誠有咎也。但責牆曰：汝即盜也，受乎哉？」[17]。

　　在習齋看來，如果依程朱以氣質為惡，會使人憎其
本有的氣質，而忽視去其本無的習染；也會使無志不學

---

15 參見蘇德用纂輯：《劉蕺山、黃梨州學案合輯》（正中書局，民國
　　四十三年），頁 160。
16 參見韋政通：《中國思想史》下冊，頁 1418。
17 以上引文，皆見《存性編》卷一〈性理評〉，《顏李叢書》第一冊，
　　頁 160。顏習齋對朱子論性觀點的批評，在本卷中論述最多。

之人，得以文飾其無能[18]，而說：「我非無志也，但氣質原不如聖賢耳」，「我非樂為惡也，但氣質無如何耳」[19]。

　　顏習齋反對以氣質之性為惡的說法，主要立基於理氣一片的觀點上，他說：

> 若謂氣惡，則理亦惡；若謂理善，則氣亦善。蓋氣即理之氣，理即氣之理。烏得謂理純一善而氣質偏有惡哉？（《存性編》卷一〈駁氣質性惡〉）

　　根據這一理論，習齋反對把天命之性和氣質之性對立起來，強調氣質之外無性，而不能將惡歸之於氣質。顏習齋將「惡」完全歸之於後天的「引蔽習染」，連帶也將修養工夫的重點推到外在的陶冶，這種見解，與著重心性工夫、變化氣質的宋明理學家比較起來，差別是很明顯的。而顏習齋就是以宋明理學的人性觀點為突破口，開展他的學說。

二、反對靜坐的內省工夫

　　顏習齋在〈性理評〉中云：「魏晉以來，佛老肆行，

18　顏習齋在〈上徵君孫鍾元先生書〉提到：「變化氣質之惡，三代聖人全未道及。將天生一副作聖全體，參雜習染謂之有惡，未免不使人去其所本無，而使人憎其所本有。」又說：「蒙晦先聖盡性之旨，而授世間無志人一口柄。」見《存學編》卷一，《顏李叢書》第一冊，頁 131。

19　見《存性編》卷一〈性理評〉，《顏李叢書》第一冊，頁 160。

乃於形體之外，別狀一空虛幻覺之性靈，禮樂之外，別
作一閉目靜坐之存養。佛者曰：『入定。』儒者曰：『吾
道亦有入定也。』老者曰：『內丹。』儒者曰：『吾道
亦有內丹也。』借四子五經之文，行楞嚴參同之事。」[20]
認為宋明心性之學背離現實生活，只能在靜坐冥想、居
敬窮理上下工夫，是釋氏之遺毒，而顏習齋本身其實重
視心性修養的，他告訴門人說：「心性天所與，存養所
以事天。」[21]又以為「正吾心，修吾身，則養成浩然氣，
天下事無不可為」[22]，然而，顏習齋所強調的是「束身
以斂心」，由外而內的修養工夫。

　　依習齋之見，宋明儒者的修養工夫，重心而輕身，
並非修養正道，若像宋明儒者空論心性，而不注重形性
作用的實際發揮，只能徒有一軀殼，有體而無用，更難
以向外開展，以成就外王事功。顏習齋認為，宋明的心
性之學違情悖性，並未立根於現實世界，他說：

　　　　前聖鮮有說理者，孟子忽發出，宋人遂一切廢棄，
　　　　而倡明理之學。不知孟子之所謂理義悅心，有自
　　　　己註腳，曰仁義忠信樂善不倦。仁義又有許多註
　　　　腳，未有仁遺親，義後君，居天下廣居，立正位
　　　　行大道，井田學校，今一切抹殺，而心頭玩弄，

20　見《存學編》卷一〈性理評〉，《顏李叢書》第一冊，頁 160。
21　見《年譜》卷下「甲申七十歲」條，頁 103。
22　見《年譜》卷下「乙亥六十歲」條，頁 84。

> 曰孔顏樂處，曰義理悅心，使前後賢豪皆籠蓋於
> 釋氏極樂世界中。(《四書正誤》卷六「孟子下」)

顏習齋深感宋明儒者高談性命，專言靜坐的內省工夫，是參雜佛老二氏而亂孔孟之真[23]。聖學並非在生活之外，理也不在玄虛的心頭玩弄，而是存在於客觀具體的事物之中。

顏習齋三十六歲時，曾上書孫鍾元，說宋明儒者「心性之外無餘理，靜敬之外無餘功，細考其氣象，疑與孔門若不相似」[24]。依習齋的看法：孔門教人習事，宋明儒者教人見理；孔門以習行為學，宋明儒者以空談為學[25]；孔門之教在致用，宋明儒者則重在心中覺悟。而顏習齋反對宋儒以性命玄談為學，以靜坐為學，除了認為宋明儒學與周孔之教異途之外，主要的理由在於它「無

---

[23] 顏習齋在《朱子語類評》中提到：「宋人廢盡堯舜周孔成法，而究歸禪宗，自欺以欺世，自誤以誤世。」又：「吾嘗言宋儒主敬而廢六藝，是假儒門虛字面，做釋氏實工夫。」所言無非就是指宋明心性之學，「借禪宗空靜，而文之以主一，又贅之以無適，以似是而非者亂吾學」，是「內佛老而外儒學」。見《顏李叢書》第一冊，頁 201、212，及《年譜》卷下「丁丑六十三歲」條，頁 90。

[24] 見《存學編》卷一〈上徵君孫鍾元先生書〉，《顏李叢書》第一冊，頁 131。

[25] 顏習齋說：「有宋諸先生，便謂還是見理不明，只教人明理；孔子則只教人習事，迨見理於事，則已徹上徹下矣。此孔子之學與程朱之學所由分也。」而且在顏習齋看來，聖人學教治一致，孔門以親身實行為學，「若憑口中所談，紙上所見，心中所思之理義養人」，專於心頭講求，專向靜坐、收攝處言主敬，則失堯舜以來學教之成法。見《存學編》卷一、卷四〈性理評〉，《顏李叢書》第一冊，頁 142、153。

用」[26]，但求心中醒悟，所把持的則只是一個死寂，只是鏡花水月幻象，於正德、利用、厚生，一無用處，所以習齋說：

> 洞照萬象，昔人形容其妙曰「鏡花水月」，宋、明儒者所謂悟道，亦大率精此。……正謂其洞照者無用之水鏡，其萬象皆無用之花月也。不至於此，徒若半生，為腐朽之枯禪，不幸至此，自欺更深。……予戊申前，亦嘗從宋儒用靜坐功，頗嘗此味，故身歷而知其為妄，不足據也。……今玩鏡裡花，水裡月，信足以娛人心目，若去鏡水，則花月無有矣。那對鏡水一生，徒自欺一生矣。若指水月以照臨，取鏡花以折佩，此必不可得之數也。故空靜之理，愈談愈惑，空靜之功，愈妙愈妄。（《存人編》卷一〈喚迷途〉「第二喚」）

宋明儒者所講的悟道靜坐，在習齋看來，是脫離客觀事物去妄談，自以為「洞照萬象」，其實是鏡中花，水中月[27]，無法加以驗證，是不足為據的。因此，顏習

---

26 錢穆先生說：「習齋早歲習靜坐，學神仙，故深知其境界。而所以反對之者，亦惟一點，曰無用。」見《中國近三百年學術史》上冊，第五章〈顏習齋李恕谷〉，頁 186。

27 顏習齋說：「蓋鏡中花，水中月，去鏡水則花月無有也。即使其靜功綿延，一生不息，其光景愈妙，愈幻愈深，正如人終日不離鏡水，玩弄其花月一生，徒自欺一生而已。」見《存學編》卷二〈性理評〉，《顏李叢書》第一冊，頁 141。

齋極力反對宋儒靜坐的內省工夫，而這種工夫更是孔子
之前的千聖百王所未聞，他說：

> 至於危坐終日以驗未發氣象為求中之功，尤孔子
> 以前千聖百王所未聞也，今宋家諸先生講讀之
> 餘，繼以靜坐，更無別功。（《存學編》卷二〈性
> 理評〉）

　　藉此駁斥宋儒經由靜坐窮究天下事理的作法是不可
行的。顏習齋不僅認為靜坐不得其道，更會壓抑個人之
氣質才性，他在《朱子語類評》中云：「終日兀坐書中，
萎惰人精神，使筋骨皆疲軟，以至天下無不弱之書生，
無不病之書生，生民之禍，未有甚於此也。」[28]因此，
他直指靜坐不但無益，反有大害，所以說：

> 為愛靜坐空談之學久，必至厭事，厭事必至廢事，
> 遇事即茫然，賢豪且不免，況常人乎？予嘗言，
> 誤人才敗天下事者，宋人之學，不其信乎？（《年
> 譜》卷下「甲戌六十歲」條）

　　靜態、向內的探討，往往輕忽外在事物的學習，而
形成一種無用之學，在顏習齋眼中，宋儒的靜坐工夫會

28　見《朱子語類評》，《顏李叢書》第一冊，頁 210。

腐蝕天下生民，敗壞天下之事，當然就激烈地提出批評。

三、反對以傳注訓詁為學

　　若從學術史上的注疏內容發展來看，可以把中國的注疏傳統區分為三個時期[29]，第一個時期是漢唐訓詁學的階段，大約從漢武帝置五經博士至唐代《五經正義》的寫定。秦因李斯之言，禁處士橫議，焚書坑儒，至漢書缺簡脫，因此，這段時期學者對先秦經典的詮釋，特別側重在語言文字的訓釋，著重文獻資料的整理與古制的重建。第二個時期是宋明性理之學的階段，大約從中唐至明初編纂《四書五經大全》為止，可視為第一時期煩瑣義疏訓詁的再出發，宋明學者從漢唐的義疏之學轉向經典內部，或詳考詁訓，或重定新解，所關注的焦點已轉到經書內在義理的探討。第三個時期是清代的考據學階段，以回歸原始經典為主，從文獻的考證入手，進而對經典作全面整理。

　　而顏習齋處於明末清初的階段，這時期的注疏之

29　參見曾素貞：《顏元的四書學研究》，頁 47-48。另外，黃俊傑：〈舊學新知百貫通 —— 從朱子《孟子集注》看中國學術史上的注疏傳統〉，《中國文化新論（學術篇）—— 浩瀚的學海》（台北：聯經出版社，民國八十年），頁 199-200，文中提到：從中國學術史上注疏傳統的發展歷程來看，大致可劃分為兩個明顯的階段，第一個階段是以五經為中心的時期；第二個階段是以《四書》為主的時期。由於北宋二程的提倡，到南宋朱子結集《四書》，《四書》登上經典的地位正式確立。朱子集注被定為官學後，元代以後的學術發展多圍繞在朱學身上打轉。

學，雖著重在經典內部義理的闡發，但是許多學者卻只
注重心性問題，反而忽略經書原有的旨意，甚至添加己
說，因此顏習齋認為訓詁注書之學並不能彰顯聖人之
道，反而迷亂世道人心，他說：

> 迫于秦火之後，漢儒掇拾遺文，遂誤為訓詁之學，
> 晉人又誤為清談，漢唐又流為佛老，至宋人而加
> 甚矣。僕嘗有言，訓詁、清談、禪宗、鄉愿，有
> 一皆足以惑世誣民，而宋人兼之，烏得不晦聖道，
> 誤蒼生至此也。（《習齋記餘》卷三〈寄桐鄉錢
> 生曉城〉）

顏習齋在〈上太倉陸桴亭生書〉中明言：「道不在
詩書章句，學不在穎悟誦讀，而期如孔門博文約禮，身
實學之，身實習之。」[30]認為堯舜周孔之學在明德親民，
在身心道藝一致加功，道則在實事實物之中，但漢宋以
來，章句之學盛行，學者全副心力用於文墨，忽略「章
句所以傳聖賢之道，而非聖賢之道」[31]，於是遠離實務，
拋棄事功，成為毫無生氣的無用學者。在習齋看來，「讀
書千卷，注書百帙」，只能說是書生，而不可自負為學

---

30 見《存學編》卷一〈上太倉陸桴亭先生書〉，《顏李叢書》第一冊，
　　頁 131。
31 見《存學編》卷一〈上太倉陸桴亭先生書〉，《顏李叢書》第一冊，
　　頁 131。

者[32]，書雖然可以載道，但如果「視經書為道」，「以注疏為學」[33]，「多為注解，遞相增益」，則是「書益盛」而「道益衰」[34]。真正的儒者當以「經世為宗」[35]，不應捨事就書，「相率讀經注釋」，使得「習行禮樂兵農之功廢」[36]。所以習齋又提到：

> 漢宋來，道之不明，只由學字誤。學已誤矣，又何習？學習俱誤，又何道？是以滿世讀書把筆，開壇發座之人，而求一明親經濟者，舉世無之；求一孝弟禮義者，百里無之，堯舜周孔之道亡矣。（《四書正誤》卷三「論語上」）

對於漢宋之儒誤認學字，而造成堯舜周孔之道不明，顏習齋分析原因，認為是學者誤解孔子刪述之旨，顏習齋說：「漢宋之儒……但見孔子敘書傳禮，刪詩正樂，繫易作春秋，不知是裁成習行經濟譜，望後人照樣

---

32 顏習齋說：「著四書五經一字不差，終書生也，非儒也。」見《習齋記餘》卷三〈寄桐鄉錢生曉城〉，《顏李叢書》第一冊，頁 279。
33 以上二引文，見《習齋記餘》卷六〈閱張氏王學質疑評〉，《顏李叢書》第一冊，頁 300。
34 見《存學編》卷三〈性理評〉，《顏李叢書》第一冊，頁 145。因顏習齋認為「訓詁又好插入己意，添書中所無，使聖賢都就自己學術」（《四書正誤》卷四）。
35 李恕谷輯《諸儒論學》謂「關中李中孚曰：吾儒之學以經世為宗，自傳久而謬，一變訓詁，再變詞藝，而儒名存實亡矣。」顏習齋批曰：「見確如此。」見《年譜》卷下「壬申五十八歲」條，頁 80。
36 見《習齋記餘》卷一〈大學辨業序〉，《顏李叢書》第一冊，頁 260。

去做，卻誤認纂修文字是聖人，則我傳述注解是賢人。」[37]於是學者競相考訂群書，窮一生精力在紙堆中。

而顏習齋本身在解釋古書時，多從具體事物方面著想，避免捉摸不定的抽象術語[38]。若只是在紙上讀解虛文，則「內無益於身心，外無益於家國」[39]，對事功是毫無用處的，顏習齋之所以反對傳注訓詁之學，主要就是因為學者未能將其與實際生活緊密結合，而「徒見訓詁章句靜敬語與帖括家」[40]。總而言之，顏習齋仍是立基於實用的觀點，對傳注訓詁之學提出批判。

四、反對脫離實用的讀書與著述

顏習齋常將讀書與靜坐相提並論，他說：「半日靜坐是半日達摩也，半日讀書是半日漢儒也，試問十二個時辰，那一刻是堯舜周孔乎？」[41]而且顏習齋以親身體驗目睹之經歷，痛切指陳讀書的害處：

> 吾嘗目擊而身嘗之，知具為害之鉅也。吾友張石卿，博極群書，自謂秦漢以降，二千年書史，殆無遺覽。為諸少年發書義至力竭，偃息床上喘息

---

37 見《四書正誤》卷三「論語上」，《顏李叢書》第一冊，頁 55。
38 參見侯外廬：《中國思想通史》第五卷，第九章，頁 367。
39 見《顏習齋先生言行錄》卷上〈禁令第十〉，《顏李叢書》第一冊，頁 103。
40 見《習齋記餘》卷一〈泣血集序〉，《顏李叢書》第一冊，頁 261。
41 見《朱子語類評》，《顏李叢書》第一冊，頁 210。

久之，復起講，力竭，復僵息，可謂勞之甚矣。
不惟有傷於己，卒未見成起一才。（《存學編》
卷一〈性理評〉）

又說：「耗氣勞心書房中，萎隋人精神，使筋骨皆
疲軟，天下無不弱之書生，無不病之書生，生民之禍未
有甚於此者也。」[42]終日讀書，不僅弱人體魄，傷害生
命，更無益於實用。顏習齋認為讀書只是學中一事，不
應全副精神用在簡策[43]，因此對鑽進故紙堆的讀書風
氣，大加抨擊。

在顏習齋看來，「讀書愈多愈惑，審事機愈無識，
辦經濟愈無力」[44]，他指出：

書之病天下久矣，使生民被讀書之禍，讀書者自
受其禍，而世世名為大儒者，方且要讀盡天下書，
方且要每篇三萬遍以為天下倡；歷代君相，方且
以爵祿誘天下於章句浮文之中，此局非得大聖大
豪傑不能破矣。（《顏習齋先生言行錄》卷上〈禁
令第十〉）

專務讀書，而將聖人和事修府三物習行工夫全然廢

---

42 見《朱子語類評》，《顏李叢書》第一冊，頁 208。
43 顏習齋說：「讀書乃學中一事，何為全副精神用在簡策。」見《存
　學編》卷四〈性理評〉，《顏李叢書》第一冊，頁 155。
44 見《朱子語類評》，《顏李叢書》第一冊，頁 200。

棄，正是「率古今之文字，食天下之神智」[45]。書原載窮理處事之道，可以引路，但不能代為走路[46]，若「終日兀坐書齋中，不肯習事勞動」，則「庠序里塾中白面書生，微獨無經天緯地之略，禮樂兵農之才，率柔脆如婦人女子，求一腹豪爽倜儻之氣亦無之」[47]，因此，顏習齋以讀書比之吞砒[48]，極力反對。

　　顏習齋也反對著書，他告誡弟子李恕谷說：「今即著述盡是，不過宋儒為誤解之書生，我為不誤解之書生耳，何與于儒者本業哉！」[49]顏習齋認為，著書不過是「空言相續，紙上加紙」[50]，「率天下入故紙堆中，耗盡身心氣力」[51]，只會成為無用之人。

　　顏習齋又歷考於史事說：

　　　　古今旋轉乾坤，開物成務，由皇帝王霸以至秦漢

---

45 見《四書正誤》卷四「論語下」，《顏李叢書》第一冊，頁78。
46 顏習齋說：「有聖賢之言，可以引路，今乃不走路，只效聖賢言，便當走路，每代引路之言增而愈多，卒之蕩蕩周道上鮮見其人也。」見《存學編》卷三〈性理評〉，《顏李叢書》第一冊，頁149。
47 見《習齋記餘》卷一〈泣血集序〉，《顏李叢書》第一冊，頁261。
48 顏習齋說：「僕亦吞砒人也，耗竭心思氣力，深受其害，以致六十餘歲，終不能入堯舜周孔之道。」見《朱子語類評》，《顏李叢書》第一冊，頁199。
49 見《年譜》卷下「辛巳六十七歲」條，頁97。
50 見《習齋記餘》卷一〈大學辨業序〉：「試觀兩宋及今，五百年學人尚行禹益孔顏之事實否？徒空言相繼，紙上加紙，而靜坐語錄中有學，小學大學中無學矣；書卷兩廡中有儒，小學大學中無儒矣。」見《顏李叢書》第一冊，頁260。
51 見《朱子語類評》，《顏李叢書》第一冊，頁203。

唐宋明，皆非書生也。讀書著書，能損人神智氣
力，不能益人才德，其間或有一二書生，濟時救
難者，是其天資高，若不讀書，其事功亦偉，然
為書耗損，非受益也。（《顏習齋先生言行錄》
卷下〈教及門十四〉）

顏習齋認為書是古人為學為治之譜，讀書著述，不
過是行道的準備，而不是行道，若像「漢宋儒專以讀講
著述為學，自幼少歷壯老，極一生心力為之」[52]，雖「自
負讀書窮理，用功數十年，其實一步未進」[53]。因此，
本其知識論的觀點，顏習齋主張讀書著述應不離六藝，
不離事物，而以生活為範圍，以事物為對象，博學而重
習行，踐事功。

然而，顏習齋曾說：「某平生無過人處，只好看書。
憂愁非書不釋，忿怒非書不解，精神非書不振。夜讀不
能罷，每先息燭，始釋卷就寢。」[54]又在〈學辨〉中言
道：「如孔門之博學，學禮、學樂、學射、學御、學書
數，以至易書，莫不曰學也。」[55]可見顏習齋本身是勤
於讀書的，因此，顏習齋反對讀書著述，視讀書無用的

---

52 見《四書正誤》卷三「論語上」，《顏李叢書》第一冊，頁 61。
53 見《顏習齋先生言行錄》卷上〈言卜第四〉，《顏李叢書》第一冊，
　　頁 94。
54 見《顏習齋先生言行錄》卷上〈齊家第三〉，《顏李叢書》第一冊，
　　頁 92。
55 見《存學編》卷四〈性理評〉，《顏李叢書》第一冊，頁 155。

非常之論，必須進一步加以疏釋。

　　事實上，顏習齋所反對的是脫離實際人生的死讀書，反對為學只是在讀書著述，他說：「書之文字固載道，然文字不是道。」[56]若是「心中惺覺，口中講說，紙上議論」，即使見道，也非明德親民之學。因此，顏習齋主要是基於實用實行的主張，而認為「人之歲月精神有限，誦說中度一日，便習行中錯一日；紙墨上多一分，便身世上少一分」[57]，唯恐「紙墨功多」，使得「習行之精力少」[58]，因此才極力反對脫離實用的讀書著述，戒人不要專就紙上著力，應在習行上用功。

第二節　重實學的教育思想

　　中國傳統的「教育」一概念，在本質上，就施教者而言，本是一個價值引薦的過程；就受教者而言，則是一個價值獲得的過程，而這個最高價值便是「善」。所謂「善」涵蓋了理智和道德的價值，具體地說，也就是含有知能的增進，價值的獲得，心性的涵養，行為的改變和社群的服務等[59]。然而，在顏習齋的教育思想中，

56　見《年譜》卷下「辛未五十七歲」條，頁 80。
57　見《存學編》卷一〈總論諸儒講學〉，《顏李叢書》第一冊，頁 129。
58　見《年譜》卷下「辛未五十七歲」條，頁 75。
59　參見鄭世興：《顏習齋和杜威哲學及教育思想的比較研究》（中央文物供應社，民國七十三年十月），頁 145-146。

找不到「教育」這一詞彙，但他使用「學」字卻極多。考察顏習齋所謂的「學」，它的概念可以說和傳統的「教育」概念十分接近，就其理想而言，皆以「善」為目的；就其內容而言，兩者也是相同的。而顏習齋之所以用「學」，應是強調「習」和「行」的重要性。

顏習齋主張習事見理，反對脫離現實的靜坐與讀書，力倡以習動來格物致知，在其哲學知識論的基礎上，建立了以「實行實用」為核心的教育思想。本節主要討論的就是顏習齋由其重實用、尚習行的思想所展現的教育主張，包括教育的目的、教學的內容和方法，及其具體的實踐活動。

一、學為聖人

「聖人」是中國傳統文化中一個重要的概念，代表著古人對理想人格的嚮往和追求。自先秦以來，儒家、道家、墨家都推崇聖人，孔、孟認為聖人當以德性的實踐為主，強調「人人皆可以為堯舜」；荀子也認為人皆可積學而至於聖。莊子則有所謂「聖人之道」和「聖人之才」的區分，必須兼具兩者才能成為聖人。到了漢代，仍不脫重德兼才的觀點，但受氣化思想的影響，不免偏向氣上說，成聖一事，由氣質決定而落在命定義上。魏晉時期對聖人的看法，大抵賡續漢人而來，一般認為聖人是天生的，難以企慕。劉邵的《人物志》就是從氣質之性詮釋聖人，由聰明見聖人才質之美，和孟子言道德

實踐有所不同。而宋明儒「義理之性」和「氣質之性」
的分說，應是依「聖人是德才兼備」的思考模式而來。
雖然各家所言的聖人內涵不盡相同，但是對於完美理想
的人生境界，可經由實踐以達到的肯定則是一致的[60]。

　　顏習齋的教育就是以「學為聖人」為目的。依習齋
的看法，教育的目標在〈大學〉首句已明白規定：「在
明明德，在親民，在止於至善」，顏習齋說：「大學首
句，吾奉為古聖真傳，所學無二理，亦無二事。」[61]可
見顏習齋的教育思想，並未脫離儒者傳統修己安人的理
想，正所謂「學者，士之事也，學為明德親民者也」[62]。
因此習齋論學以「學為聖人」[63]為鵠的，教育的宗旨在
造就全體大用的通儒：身心健全，氣象活潑，忍耐勞苦，
而且具備實才實學。但這種人並非可望而不可躋的超
人，而是能習事致用，濟世救民的人才。

　　顏習齋根據人性本善，氣質亦善，而引蔽習染為惡
的人性論，肯定了教育的可能性。他也認為「人人皆可
以為堯舜」，所以說：

　　　吾性所自有，吾氣質所自有，皆天之賦我，無論

---

60 參見莊耀郎：《郭象玄學》（台北：里仁書局，民國八十七年三月），
　　第七章〈聖人論〉，頁 169-176。
61 見《存學編》卷一〈明親〉，《顏李叢書》第一冊，頁 129。
62 見《年譜》卷上「己酉三十五歲」條，頁 28。
63 顏習齋答景州吳玉衡問學曰：「學者，學為聖人也。」見《顏習齋
　　先生言行錄》卷下〈學須第十三〉，《顏李叢書》第一冊，頁 108。

> 清厚濁薄，半清半厚，皆擴而充之，以盡本有之
> 性，盡吾氣質之能，則聖賢矣，非變化其本然也。
> （《顏習齋先生言行錄》卷下〈王次亭第十二〉）

　　任何人皆天賦有作聖之體，只須後天加以擴充。「全
得各人資性，不失天賦善良，則隨在皆堯舜」[64]，秉性
發展，實下工夫，就可以達到「學為聖人」的目標。

　　顏習齋又說：「聖人亦人也。其口鼻耳目與人同，
惟能立志用功，則與人異耳。」[65]而「父母生成我此身，
原與聖人之體同；天地賦與我此心，原與聖人之性同。
若以小人自甘，便辜負天地之心、父母之心。常以大人
自命，自然有志，自然心活，自然精神起」，因此，人
須知道「聖人是我做得，不得作聖，不敢作聖，皆無志
也」[66]。這是顏習齋由實踐工夫肯定作聖的可能。聖庸
之別不在天賦，在於立志與否，立志用功則可臻聖人之
域，致聖的關鍵只在工夫而已。習齋以學禮為例，說明
學聖的工夫：

> 道莫切於禮，作聖之事也。人之不肯為聖者，只

---

64 見《顏習齋先生言行錄》卷上〈吾輩第八〉，《顏李叢書》第一冊，
　　頁 100。
65 見《顏習齋先生言行錄》卷上〈齊家第三〉，《顏李叢書》第一冊，
　　頁 92。
66 以上兩段引文，見《顏習齋先生言行錄》卷下〈學須第十三〉，《顏
　　李叢書》第一冊，頁 107。

> 因視禮之精鉅者，曰是聖人事，非我輩常人所敢
> 望，禮之粗小者，曰但能此，豈便是聖，聖人不
> 在此，是聖人無從學也。吾願有志者，先其粗，
> 慎其小，學得一端亦可，即如出里門乘，入里門
> 下，出則告，反則面，豈人所不能哉？不為耳。
> （《顏習齋先生言行錄》卷下〈杜生第十五〉）

　　學禮必自粗小始，學聖也是如此，先其粗，慎其小，不能好高騖遠，所以說：「堯舜孔子總是世上底聖人，總是做世上底工夫。」[67]

　　由上所述，依顏習齋之見，人皆可以學聖，只在於為與不為，而作聖的工夫，則以盡性和用功，開闢了平易切實的學聖路徑。

二、學必求實

　　顏習齋在清初學術佔有一席之地，主要在於他建立「全體大用」的哲學[68]，曾說：「寧為一端一節之實，無為全體大用之虛。」[69]反對宋儒靜坐、誦讀、高談性命的學說，而強調學習致用之學，且要培養出具有實際能力的人才，就必須「博學之，則兵農錢谷水火工虞天

---

67 見《朱子語類評》，《顏李叢書》第一冊，頁 200。
68 見李塨、王源《顏元年譜》三十四歲條：「毅然以明行周孔之道為己任，盡脫未明諸儒習襲，而從事於全體大用之學。」
69 見《存學編》卷一〈學辯二〉，《顏李叢書》第一冊，頁 134。

文地理無不學」[70]，具體地說，就是教之以「實事實物」，也就是「堯舜三事六府、周孔三物」。

在唐虞三代時，學術、教育、政治是合一的，「三事六府三物」是學術的根源、教育的內涵和政治的綱領，捨此則無所為正學[71]。這些學問也就是顏習齋主張的教學內容，可歸納出三個重點[72]，一是修身之事：即六德與六行，主要講明修己睦人之道，六德重在涵養，六行重在處世；二是民生之事：即三事與六府，說明民生之要，注重治人之學；三是陶冶之事：即六藝，主要學習各種技藝，「健人筋骨，和人血氣，調人情性，長人神智」[73]，造就文武兼備的人才。由此可見，顏習齋提出的教學內容重在實行致用，特別是對六藝的重視，最能體現其教育目的和實學主張，他強調學習與客觀事物的結合，不拘限於書本，而通過六藝的教育，培養出德才兼備、文武雙全的實才，以達到正德、利用、厚生的目的[74]。

---

70 見《存學編》卷二〈性理評〉，《顏李叢書》第一冊，頁 137。

71 顏習齋說：「唐虞之世，學治俱在六府三事，外六府三事而別有學術，便是異端。周孔之時，學治只有三物，外三物而別有學術，便是外道。」見《顏習齋先生言行錄》卷下〈世情第十七〉，《顏李叢書》第一冊，頁 113。

72 參見高太植：《顏元的經世思想》，頁 71。

73 見《顏習齋先生言行錄》卷下〈刁過之第十九〉，《顏李叢書》第一冊，頁 116。

74 顏習齋說：「先之以六藝，則所以為六行之材具，六德之妙用，藝精見行實，行實則德成。」(《四書正誤》卷三「論語上」) 又說：「孔門習行禮樂射御之學，……一時習之，受一時之福；一日習之，受一日之福。一人體之，錫福一人；一家體之，錫福一家；一國、天下皆然。小之卻一身之疾，大之措民。」

　　然而教學的內容卻不是口中講說而已，必須力行實踐，顏習齋說：「三物之學，聖人之跡也。……吾人須踐跡。」[75]強調踐跡，也就是強調實踐，所以又說：

> 即詩、書、六藝，亦非徒列坐講聽，要惟一講即教習，習至難處，方再與講，講之功有限，習之功無已。（《存學編》卷一〈總論諸儒講學〉）

　　以習行為先務，才是學的本旨。通過六德六行六藝的學習力行，使身心健全發展，進而達到明明德、親民的教學目標[76]。

三、學貴習行

　　顏習齋論學，強調由讀而學，由學而習，習而時習的方法[77]，在他看來，學和習是有區別的，《顏氏學記》中記載：「龜山楊氏曰：顏淵請問其目，學也；請事斯語，則習矣。學而不習，徒學也。譬之學射而至干骰，則知所學矣，若夫承梃而目不轉，貫虱而縣不絕，由是而求盡其妙，非習不能也。」顏習齋對楊氏的解釋並不

---

75 見《習齋記餘》卷一〈送王允德教諭物之安。為其動生陽和，不積痰鬱氣，安內扞外也。」(《顏習齋先生言行錄》卷下〈刁過之第十九〉)
76 見《年譜》卷下「乙亥六十一歲」條，頁 84。
77 顏習齋說：「修六德，行六行，習六藝，所以明也；布六德、六行、六藝於天下，所以親民也。」見《年譜》卷下「辛未五十七歲」條，頁 79。

滿意，而進一步闡述：「顏子請問，亦仍是問，未可謂
之學。請事斯語，學也；欲罷不能，進而不止，乃習矣。」
[78]「學問」不去習，學的效果就不大，甚至是徒學，顏
習齋曾告訴李培（李恕谷之弟）說：「學一次，有一次
見解；習一次，有一次情趣，愈久愈入，愈入愈熟。」[79]
說明了習比學更重要。

　　顏習齋在知識論上具有明顯的實踐特徵，這也是其
治學之道的哲學基礎。習齋將學習過程分為學、習、能
等階段，以學琴為例：學琴者照著琴譜彈奏，運用感官
和手指去學習音節和旋律，是「學琴」；把已學得的某
些動作反複練習，使手隨心，音隨手，清濁疾徐合規律，
是「習琴」；將已獲得的技能再反複練習，使心與手忘，
手與弦忘，一切動作都能隨心所欲，才是「能琴」。在
顏習齋看來，親身踐履、習行是最好的學習方法，若「手
不彈，心不會，但以讀講琴譜為學琴，是渡河而望江」；
「目不睹，耳不聞，但以譜為琴，是指薊北而談雲南」[80]。
如同琴譜一樣，詩書也只是經濟譜，所以習齋說：

---

78 顏習齋根據孔子「學而時習之」一句話，闡發「習」的重要，他
　　說：「孔子開章第一句，道盡學宗，見過讀過不如學過，一學便住，
　　也終殆不如習過，習三兩次，終不與我為一，總不如時習，方能
　　有得。」見《顏習齋先生言行錄》卷下〈學須第十三〉，《顏李叢
　　書》第一冊，頁 107。
79 見《顏氏學記》卷一，頁 73。
80 見《顏習齋先生言行錄》卷下〈杜生第十五〉，《顏李叢書》第一
　　冊，頁 110。

> 四書、諸經、群史、百氏之書所載者，原是窮理
> 之文，處事之道。然但讀經史、訂群書為窮理處
> 事以求道之功，則相隔千里矣；以讀經史、訂群
> 書為即窮理處事，曰道在是焉，則相隔萬里矣。
> （《存學編》卷三〈性理評〉）

　　根據顏習齋知識論的觀點，要獲得真知，還是必須
從事物中學習實踐而來，所以針對前人在思、讀、講、
著上做工夫的主張，提出批評：

> 先生輩，舍生盡死，在思、讀、講、著四字上做
> 工夫，全忘卻堯舜三事六府、周孔六德六行六藝，
> 不肯去學，不肯去習。（《朱子語類評》）

　　他反對與實際脫離的治學方法，而認為「讀書無他
道，只須行字著力，如讀學而時習之，便要勉力時習，
讀其為人孝弟，便要勉力孝弟，如此而已。」[81]無論品
德的敦勵，智識的追求，都必須以勤為要[82]，貴在時習
力行，這才是真正的學習。
　　因此，教師傳授知識時，必須使學者能自覺地學習

---

81 顏習齋的論述詳見《存學編》卷三〈性理評〉，《顏李叢書》第一
　　冊，頁 145-146。
82 見《顏習齋先生言行錄》卷上〈理欲第二〉，《顏李叢書》第一冊，
　　頁 90。

實踐，若只憑講授，不過以耳代目，茫無心得。顏習齋
認為周孔之教就重在「習」，不由身習則皆無用，以大
部分時間用在教習上，才能收到良好的教學效果，造就
具有實學的人才。

四、立學設教

顏習齋認為：「朝廷，政事之本也；學校，人才之
本也，無人才則無政事。今天下之學校，皆實才實德之
士，則他日列之朝廷者，皆經濟臣。」[83]他主張恢復三代
的學校制度，並課以德行道藝，藉以轉移風俗，所以說：

> 一風俗而成治功，莫善於取人以德，其本莫重於
> 謹庠序之教。（《顏習齋先生言行錄》卷下〈刁
> 過之第十九〉）

至於施教的程序，顏習齋贊成古代「小學教其事，
大學教其理」的方式，他說：「古之小學，教以灑掃應
對進退之節，大學教以格致誠正之功，修齊治平之務，
民舍是無以學，師舍是無以教，君相舍是無以治也。」[84]
依顏習齋之見，孝弟忠信之事，灑掃應對進退之節，以

---

83 顏習齋說：「學者以勤為要，禹惜寸陰，陶惜分陰，不可不知，不
　　可不學也。」見《顏習齋先生言行錄》卷上〈禁令第十〉，《顏李
　　叢書》第一冊，頁 103。清苑序〉，《顏李叢書》第一冊，頁 263。
84 見《存治編‧學校》，《顏李叢書》第一冊，頁 176。

及禮樂射御書數之藝，應趁早學習；至大學，則從事窮理致知。但顏習齋所謂的理，存於事物之中，因此見理窮理和習事致知是互為表裡的，捨事便無所為理。這種見解，仍是本其「理存事中」，「習事見理」的觀點加以引申的。

而顏習齋論大學的施教程序，則見於答張仲誠之言。張仲誠曾說：「修道即在性上修，故為學必先操存，方為有主。」顏習齋反駁說：

> 是修性非修道矣。周公以六藝教人，正就人倫日用為教，故曰修道為教。蓋三物之六德，其發現為六行，而實事為六藝，孔門學而時習之，即此也，所謂格物也。格物而後可言操存誠正，先生教法，毋乃于大學先後之序有紊乎？（《年譜》卷下「辛未五十七歲」條）

說明大學施教仍應本格物、致知、誠意、正心、修身、齊家、治國、平天下的順序，不可紊亂。

顏習齋四十一歲時，因門人求教者日多，於是制訂教條[85]，內容是：孝父母、敬尊長、主忠信、申別義、禁邪僻、慎威儀、肅衣冠、勤赴學、重詩書、敬字紙、習書、講書、作文、習六藝、六日課數、戒曠學、行學

---

85 見《年譜》卷上「乙卯四十一歲」條，頁 42-44。

儀、序出入、輪班當值、尚和睦、貴責善，歸納起來包括倫理道德教育、對學生儀表行為和學習態度的要求、學習方法和時間的安排、勞動觀念的培養、人際關係的處理等[86]，對學生的德智體都提出了具體要求。這二十一條學規，可說是顏習齋教育思想的具體表現，顏習齋六十二歲時，應聘主教漳南書院，即以此作為施教的準則。

　　顏習齋在主持漳南書院時，更進一步實施其教育計畫，〈漳南書院記〉中提到：

　　　顧儒道自秦火失傳，宋人參雜釋老，以為德性，獵弋訓詁以為學問，而儒幾滅矣。今元與吾子力砥狂瀾，甯粗而實，勿妄而虛。請建正庭四楹，曰習講堂。東第一齋西向，牓曰「文事」，課禮、樂、書、數、天文、地理等科。西第一齋東向，牓曰「武備」，課黃帝、太公，以及孫、吳、五子兵法，并攻守營陣、陸水諸戰法，射、御、技擊等科。東第二齋西向，曰「經史」，課《十三經》、歷代史、誥制、章奏、詩文等科。西第二齋東向，曰「藝能」，課水學、火學、工學、象數等科。（《習齋記餘》卷二〈漳南書院記〉）

---

86 參見曙梅：〈顏元的教育思想〉，《四川大學學報》（哲學社會科學版），一九九一年第三期，頁 21。另祁森煥：〈顏元教育學說的研究〉一文，把二十一條學規分為四類，《山西師範學院學報》，一九五七年第三期（收入《顏李學派研究叢編》，存萃學社編集，香港：東大圖書公司，一九七八年十二月）。

　　顏習齋曾書一對聯，懸之中堂，上聯是：「聊存孔緒，勵習行，脫去鄉愿、禪宗、訓詁、帖括之套。」下聯是：「恭體天心，學經濟、斡旋人才、政事、道統、氣數之機。」[87]清楚揭示了習齋的辦學宗旨。而由當時書院的規模及設教的內容，也充分表現顏習齋以實學為宗的教育理念。

　　綜上所述，可見顏習齋的教育思想，以實用為依歸，「以實利為教育之目的，以做事為教育之方法，以主動習勤、勞作神聖為教育之精神，以即事實現，從行求知為教育之過程」[88]，強調人倫之教，重視生活教育，由習行而明道，由明道而見作用，建功業，合內外，成人己，從而達到經世濟民的理想。

第三節　重功利的經世思想

　　所謂「經世」，就是「治世」、「理世」，或「治理天下」的意思[89]。王爾敏在〈經世思想的義界〉中說：「『經世』辭旨，本不艱深，由『經國濟世』一詞簡化

---

87 見《年譜》卷下「丙子六十二歲」條，頁 86。

88 見王鳳喈：《中國教育史》（正中書局，民國三十四年三月），頁 242。

89 參見張灝：〈宋明以來儒家經世思想試釋〉，《近代中國經世思想研討會論文集》，頁 5。

而來。」[90]只要是經世濟民，經國濟世，無論是儒家的外王，或是實用的農田水利、經濟、富國強兵方略等，都可以這一名詞來指稱[91]。因此，「經世之學」，是儒者本著內聖外王的胸懷，關心社會，參與政治，以圖達成天下治平的思想與主張，它的精神是入世的、淑世的，它的特色是重視當代性、實效性[92]。

明清之際，時代的變局形成一股強大的刺激力量，使得「經世致用」成為知識分子努力的共同方向[93]。顏習齋則認為，要匡世救民，就應注重事功，提倡功利，其經世主張，可說是他的實學實用理論，在治世層面的開展與具體表現。

一、計功謀利

《左傳》中記載：「禮以行義，義以生利，利以平民，政之大節也。」又說：「凡有血氣，皆有爭心，故

90　收入《中央研究院近代史研究所集刊》第十三期，頁 31。

91　參見李紀祥：《明末清初儒學之發展》（台北：文津出版社，民國八十一年十二月），頁 7。

92　參見韓學宏：〈明末清初經世思想興起因素平議〉，《中華學苑》第四十四期，頁 137。該文將張灝、王爾敏、余英時、劉廣京、林聰舜、李焯然等學者替「經世」下的定義，加以歸納綜合，有助於釐清「經世」的定義與內涵。

93　林聰舜：《明清之際儒家思想的變遷與發展》一書，對此有詳細論述，可供參考。林氏認為明清之際的儒者，將「經世致用」的觀念擺在最高的地位，且作為學問的核心。詳見該書第六章，頁267-268。

利不可強，思義為愈。義，利之本也。」[94]由此看來，在安定人民，使政治社會穩定上，「利」是有它的效用，而「利」所以能產生良好的效用，必須是立基在「義」的相節制、相制衡上，「利」和「義」是相對的規範，並不相悖[95]。然而《論語・里仁》記載：「子曰：『君子喻於義，小人喻於利。』」孟子更有「義利之辨」[96]，漢儒董仲舒則標榜：「正其誼不謀其利，明其道不計其功」。宋明理學家也認為聖人是不計功利的；計功利，便是小人，「義」與「利」成為截然對立的價值判斷。顏習齋雖自承直接孔孟，對於義利的觀點卻和孔孟不同。顏習齋計功謀利，功利主義[97]的色彩十分鮮明地表現在他的經世思想中。

　　顏習齋的政治主張，本其實用的觀點，贊成孔子的論政之旨：「因民之所利而利之」[98]，即以群體之利作

94　一見《左傳・成公二年》，《十三經注疏本》（藝文印書館），頁四二二。一見《左傳・昭公十年》，頁 783。

95　參見潘清芳：《中國哲學思想探研》，頁 104。

96　《孟子・梁惠王上》記載：「孟子見梁惠王。王曰：叟，不遠千里而來，亦將有以利吾國乎？孟子對曰：王，何必曰利，亦有仁義而已矣。」有關孟子的義利之辨，可參見楊祖漢：《儒家的心學傳統》（台北：文津出版社，民國八十一年六月），頁 47-60。

97　功利主義所謂的功利是功用、效益的意思。功利主義認為利益是人類行為的基礎，以行動能產生對於個人或其他人有好的結果者為善，反之則為惡。所以功利主義是以功利來規定善，重視行為的結果、效益，以功利或效用作為人之行為原則。參考《哲學百科全書》「功利主義」條目。

98　顏習齋說：「孔子之論政，因民之所利而利之。」見《習齋記餘》卷一〈美惠方集序〉，《顏李叢書》第一冊，頁 262。

為施政的目標，主張為政應先去其無用，而做有用工夫，所以顏習齋說：「儒者得君為治，不待修學校、興禮樂，只先去其無用，如帖括詩賦之事，世間才人，自做有用工夫，有人才則有政事，有政事則有太平，天地生民，自受其福矣。」[99]

顏習齋重視功利，對董仲舒「正其誼不謀其利，明其道不計其功」的說法深表不滿[100]，習齋說：

> 世有耕種而不謀收穫者乎？世有荷網持鉤而不計得魚者乎？抑將恭而不望其不侮，寬而不計其得眾乎？這不謀不計兩不字，便是老無釋空之根。惟吾夫子先難後獲，先事後得，敬事後食三後字無弊。蓋正誼便謀利，明道便計功，是欲速，是助長；全不謀利計功，是空寂，是腐儒。（《顏習齋先生言行錄》卷下〈教及門第十四〉）

習齋雖重功利，只是正誼明道後須計功謀利，講求

99　見《顏習齋先生言行錄》卷下〈學須第十三〉，《顏李叢書》第一冊，頁一〇七。

100　顏習齋認為「正其誼不謀其利，明其道不計其功」二語之「不」字，便是老無釋空之根，未免過甚其辭。黃建中：《比較倫理學》（台北：正中書局，民國五十一年四月）一書，提到：「夫董生亦第言不謀利，不計功耳，非必欲天下無功無利也。認『不』為『無』，遽謂與釋老之空寂同，無乃過於深文周內乎？……今云正誼以謀利；明道而計功，果何異於正誼便謀利，明道便計功乎？充其所言，是『以利為義』，非『以義為利』也。」詳見該書第七章〈李贄顏元李塨之效果說〉一節，頁 154-155。

效果，並非正誼明道之始即計功謀利。而針對歷代統治者所推崇的重義輕利的思想，習齋提出了「義利統一」的觀點：

> 以義為利，聖賢平正道理也。堯舜利用，《尚書》明與正德厚生為三事。利貞，利用安身，利用刑人，無不利，利者，義之和也，《易》之言利更多。孟子極駁利字，惡夫掊克聚斂者耳，其中義中之利，君子所貴也。後儒乃云「正其誼不謀利」，過矣。宋人善道之，以文其空疏無用之學。（《四書正誤》卷一「大學」）

顏習齋認為符合國計民生的利益就是義，主張「正其誼以謀其利，明其道而計其功」[101]，把道與功，義與利統一起來，由義求利，由道求功，就像耕種求收穫，打漁求得魚，是正當的要求，如果完全不謀求功利，反而是墮入釋老殼中。

二、復行王道

顏習齋早年在《存治編》中，即有系統地表述其政治主張[102]，而其基本精神則在於恢復三代的「王道」，

---

101 見《四書正誤》卷一「大學」，《顏李叢書》第一冊，頁 49。
102 顏習齋於二十四歲時作《王道論》一書，後更名為《存治編》，
　　明示其政教　之主張，內容有王道、井田、治賦、八陳圖說、學

他說：

> 昔張橫渠對神宗曰：「為治不法三代，終苟道也。」
> 然欲法三代，宜如何哉？井田、封建、學校皆斟
> 酌復之，則無一民一物之不得其所，是之謂王道，
> 不然者不治。（《存治編・王道》）

　　在習齋眼中，三代王道的內容是井田、封建、學校
等制度，三者相輔為用，才是治國之法，才能達到無一
民一物不得其所的太平盛世。

　　在〈井田〉中，顏習齋肯定井田制的可行性；在〈治
賦〉中，論及寓兵於農的政策；在〈學校〉中，主張「浮
文是戒，實行是崇」，以六德六行六藝為教學內容，培
養有用的人才[103]。顏習齋又說：「王道無小大，用之者
小大之耳。為今計，莫要於九典五德矣。除制藝，重徵
舉，均田畝，重農事，徵本色，輕賦斂，時工役，靜異
端，選師儒，是謂九典也。躬勤儉，遠聲色，禮相臣，
慎選司，逐佞人，是謂五德也。」[104]

　　而顏習齋後來所提出的富國強民政策：

校、封建、宮刑、濟時、重徵舉、靖異端十篇，大抵皆以恢復封
建為中心論點。然《存治編》為早年之作，自不足以代表習齋政
治思想之全豹，宜參酌《年譜》、《習齋記餘》及 言行錄中言論
探討之，方得其旨。

103 詳見《顏李叢書》第一冊，頁 174-177。

104 見《存治編・濟時》，《顏李叢書》第一冊，頁 178

> 以七字富天下：墾荒、均田、興水利。以六字強
> 天下，人皆兵，官皆將。以九字安天下：舉人材、
> 正大經、興禮樂。（《年譜》卷下「己巳五十五
> 歲」條）

說明了顏習齋經世致用之學的內容，以「富天下、
強天下、安天下」為主導思想：以「墾荒、均田、興水
利」為發展農業經濟的綱領，增加生產而求富；以「人
皆兵、官皆將」為健全軍事制度的綱領，矯正重文輕武
的風氣，使國家強盛；以「舉人材、正大經、興禮樂」
為政治綱領，使天下太平。這些主張，實未脫《存治編》
的規模，且充滿了復古的思想。

三、具體主張

（一）恢復封建

顏習齋認為，秦以後大一統的中央集權制，造成莫
大的禍害，而夏、商、周三代分封諸侯，建立藩國的封
建制度甚為理想。他批評不敢建言封建的人說：

> 後世人臣不敢建言封建，人主亦樂其自私天下
> 也，又幸郡縣易制也，而甘於孤立，使生民社稷
> 交受其禍，亂亡而不悔，可謂愚矣。（《存治編‧
> 封建》）

而顏習齋之所以要求恢復封建制的理由是：

> 此乾坤乃自堯舜夏商周諸聖君聖相開物成務，進
> 為締造而成者。人主享有成業，而顧使諸聖人之
> 子孫無尺寸之土，魂靈無血食之嗣，天道其能容
> 耶！（《存治編・封建》）

清楚說明恢復封建制度，主要是針對人主自私天
下，為天道所不容。

習齋並進一步對於人們反對恢復封建制的理由加以
申辯，他指出：

> 君不主，臣不贊，絕意封建者，不過見夏、商之
> 亡於諸侯，與漢七國、唐藩鎮之禍而忌言之耳。
> 殊不知三代以封建之亡，正以封建而久；漢、唐
> 受分封藩鎮之害，亦獲分封藩鎮之利，使非封建，
> 三代亦烏能享國至二千歲耶！（《存治編・封建》）

在顏習齋看來，「非封建，不能盡天下人民之治，
盡天下人材之用爾」，封邦建國，正可以藩維王室，抵
禦外侮，監督朝奸，所謂「服衛疊疊，星環布，隱攝海

外之覬覦，秘鎮朝闕之奸回，有以輔引王家天祚也」[105]。

至於封建制度易產生「藩鎮擁兵鎮主」的弊端，顏習齋認為，只要採取相應措施：「使十侯而一伯，……侯庶不世爵祿，視其臣而以親為差；侯臣不世邑采，取公田而以位計數；伯師不私出，列侯不私會。如此者，有事則一伯所掌二十萬之師足以藩維，無事而所畜士馬不足併犯」[106]，及時防範，則可避免弊端。

（二）實行均田

在經濟制度方面，顏習齋主張「復井田」：

> 天地間田，宜天地間人共享之，若順彼富民之心，即盡萬人之產而給一人，所不厭也。王道之順人情，固如是乎？況一人而數十百頃，或數十百人而不一頃，為父母者，使一子富而諸子貧，可乎？（《存治編‧井田》）

說明富民無限兼併土地，不合「天地間田宜天地間人共享之」的平等原則。顏習齋認為土地可井則井，不可井則均[107]，可以因時而措，不必盡如古法，所以顏習

---

105 以上兩段引文，見《存治編‧封建》，《顏李叢書》第一冊，頁177-178。
106 見《存治編‧封建》，《顏李叢書》第一冊，頁177。
107 顏習齋說：「井無定而主乎地，可井則井，不可則均。」見《存治編‧井田》，《顏李叢書》第一冊，頁174。

齋參照古代井田制度[108]，實行「均田」。

顏習齋對於井田均田，有逐漸推行的方法，雖擾民於一時，卻可興利於千載，《顏習齋先生言行錄》中記載：

> 彭永年言：「行井田法，易擾民生亂，不如安常省事。」先生曰：「古先王之井田濬溝，豈天造地設不勞民力乎？又如大禹掘江、淮、河、漢，豈果神怪效靈，一呼而就乎？蓋古人務其費力而永安，後人幸其苟安而省力，而卒之民生不遂，外患疊乘，未有能苟安者也。故君子貴懷永圖。」（《顏習齋先生言行錄》卷上〈剛峰第七〉）

因此，顏習齋說：「使予得君，第一義在均田。田不均則教養諸政，俱無措施處，縱有施為，橫渠所謂終苟道也。」[109]可見顏習齋將解決土地問題，視為根本性的政治主張，而他的七字富天下的經濟綱領，也是以均田為基礎的。

（三）兵農合一

顏習齋論兵，主張行兵農合一之制。他指出：

---

108 井田之法，顏習齋在《存治編》有〈井田經界圖說〉、〈方百里圖說〉，另在《年譜》「丁巳四十三歲」條，也有論及。

109 見《顏習齋先生言行錄》卷上〈三代第九〉，《顏李叢書》第一冊，頁102。

> 　自兵農分而中國弱。雖唐有府兵，明有衛制，固
> 欲一之。迫於其衰，頂名應雙，皆乞丐滑棍，或
> 一人而買數糧。支黜食銀，人人皆兵；臨陣遇敵，
> 萬人皆散。嗚呼！可謂無兵矣，豈止分之云乎？
> 即其盛時，明君賢將理之有法，亦用之一時，非
> 久道也。況兵將不相習，威令所攝，其為忠勇幾
> 何哉！間論王道，見古聖人之精意良法，萬善皆
> 備，一學校，教文即以教武；一井田也，治農即
> 以治兵。（《存治編・治賦》）

　　力主寓兵於農，有事則兵，無事則民，邑宰千百長
有事則為之將帥，使民皆兵，官皆將，召之即起，起而
能戰，當國家有事之秋，舉國上下皆可出而應敵，實現
「治農即以治兵」的構想。

　　《存治論》中，顏習齋詳述兵農合一的治理要點，
內容包括：預養、預服、預教、預練、利兵、養馬、治
衛、備羨、體民心等九大項[110]，對於給養、裝備、組織、
訓練、福利等，皆能顧及，雖有武備，也不忘文事[111]。
而依此要點實施，利亦有九：

> 　一曰素練：隴畝皆陣法，民恆習之，不待教而知

---

110 見《存治編・治賦》，《顏李叢書》第一冊，頁 176。
111 治賦之九項要點，其三曰預教：簡師儒，中孝悌，崇忠義。

矣。一曰親率：同鄉之人，童友日處，聲氣相喻，
情義相結，可共生死。一曰忠上：邑宰千百長，
無事則教農、教禮、教藝，為之父母；有事則執
旗、執鼓、執劍為之將帥，其敦不親上死長。一
曰無兵耗：有事則兵，無事則民，月糧不之費矣。
一曰應卒難；突然有事，隨地即兵，無徵救求援
之待。一曰安業：無逃亡反散之虞。一曰齊男：
無老弱頂替之弊。一曰靖奸：無招募異域無憑之
疑。一曰輯侯：無專擁重兵要上之患。（《存治
編・治賦》）

因此，顏習齋極力提倡兵農合一，文武兼修，力矯
自宋以來重文輕武之弊[112]，以達到強天下的政治目標。

（四）鄉舉里選

歷代人才登庸之法，不外選舉與科舉兩途。漢立選
舉，注重德行，兼及文藝才能，但德行之評判，難以客
觀。及至魏晉，行九品中正制，孝秀之選，專重門第，
平民入選之機會，難如登天。至隋開科舉，注重文藝，
兼及才能德行，憑考試選拔人才。行至明清，方法雖趨

---

112 顏習齋說：「朱子重文輕武，……其遺風至今日，衣冠之士，羞
　　與武夫齒，秀才挾弓矢出，鄉人皆驚，甚至子弟騎射武裝，父兄
　　便以不才目之。長此不返，四海潰弱，何有已時乎？」見《存學
　　編》卷二〈性理評〉，《顏李叢書》第一冊，頁 136。按：重文輕
　　武，乃宋之基本國策，實不能將其罪責概歸於朱子。

周密，卻也產生許多弊端，最要者莫過於八股文的空洞
無用。

科舉為害，由來已久，顏習齋說：「唐楊琯疏言選
士專事文辭，自隋煬帝置進士科始，加以帖括，自唐高
宗聽劉思立之奏始，乃為世害至今乎！」[113]因此，在人
才選拔的制度上，顏習齋認為，莫善於古之鄉舉里選，
所以說：「不復鄉舉里選，無人才，無治道。」[114]

顏習齋反對科舉，主要針對八股而發，尤其徹底反
對帖括制藝[115]，他說：「天下之人入此帖括局也，自八
九歲便咿唔，十餘歲便習訓詁，套襲構篇，終身不曉習
行禮義之事，至老不講致君澤民之道，且無一人不弱不
病，滅儒道，壞人才，阨世運，害殆不可勝言也。」[116]且
「八股行而天下無學術，無學術則無政事，無政治則無
治功，無治功則無昇平矣」[117]。顏習齋認為，若改以六
藝六府取士，未嘗不可與選舉並存[118]，所以科舉之制，
其利弊不在乎制度本身，而在於內容的限定。

---

113 見《年譜》卷下「庚什五十六歲」條，頁 72-73。
114 見《年譜》卷下「辛未五十七歲」條，頁 77。
115 唐制以帖經試士，後以應試者多，至帖孤章絕句以惑之，應試者
　　則取其難者編為歌訣，以便記憶，謂之「帖括」。
116 見《顏習齋先生言行錄》卷下〈杜生第十五〉，《顏李叢書》第一
　　冊，頁 111。
117 見《顏習齋先生言行錄》卷下〈刁過之第十九〉，《顏李叢書》第
　　一冊，頁 116。
118 《顏習齋先生言行錄》卷下〈世情第十七〉記載，顏習齋曾對馬
　　遇樂說：「儻以六藝六府取士，人始真學真習，而四書始有用矣。」
　　見《顏李叢書》第一冊，頁 114。

　　至於顏習齋提出的鄉舉里選之制，以鄉老為最基層
的薦舉人，鄉老薦之於縣令，縣令薦之於府守，府守薦
之於皇帝，依次而升。其舉選的標準，德業並重，而尤
重事實。為獲得真才，又規定薦賢者受上賞，薦奸者受
上罰，以防流弊[119]。而在武舉方面，則特重歷練，以武
生充鄉落保長始，有功依次擢升郡邑關口守將，乃至總
帥參副之職[120]。

　　然而，顏習齋雖有武舉之說，卻並非主張文武分途，
他說：

> 治道不必文武分途，亦不必舉人進士，只鄉里選
> 舉秀才，秀才長於文德者，充鄉約耆德之職；長
> 於武略者，充保長之職，其顯有功德者，擢大鄉
> 長，大鄉長之顯有功德者，陞邑令郡守，或備參
> 輔以至三公，皆通為一體。（《顏習齋先生言行
> 錄》卷上〈剛峰第七〉）

　　根據其文武合一的理想，推行鄉舉里選的制度，才
能從中拔擢有真才實學的人，使人才各得其位，各盡所
長，以安天下。

119　詳見《存治編・重徵舉》，《顏李叢書》第一冊，頁 179。
120　武舉制度，見《顏習齋先生言行錄》卷上〈齊家第三〉記載顏習
　　　齋答郭生問作養將才，《顏李叢書》第一冊，頁 92。

第四章 顏習齋哲學思想的評價

　　顏習齋注重實用，強調功利，無論是批判宋儒的言行，或建立自己的教育思想、經世主張，皆本其務實致用的觀點。本章主要根據顏習齋哲學思想的內涵與展現，進一步歸納其特色，辨析其缺失，以呈顯顏習齋哲學思想的價值，從而給予客觀的論斷與評價。

第一節　思想特色

　　基於理氣一致的宇宙論，顏習齋言性，肯定人性與氣質皆善，進而提出「踐形盡性」、「躬身實踐」的修養工夫，以及「因行求知」、「習事見理」的知行觀點，建立以「求實」為根本，以「習行」為核心，以「功利」為宗旨的思想體系[1]。由此著眼，即足以清楚地看出顏習齋哲學思想的特色。以下對於這個問題，分別加以說明。

1　參見張武：〈論顏李學派的思想特徵及其形成〉，《清儒治學與清代學術》（香港：學峰文化事業公司，一九九五年一月），頁七一。

一、講求實用

宋明以來，理學興盛，人人談論心性問題，明末清初，學者痛感個人的修身養性不足以救國，起而提倡經世致用之學，形成實學思潮，習齋更將這種精神推到極致[2]，完全以「用」檢驗事物的價值，也以此作為批評宋明理學的判準。

顏習齋講修齊治平、經世致用，必歸之於實用之學，而程朱所謂的性命之理，不可多講，「雖講，人亦不能聽也；雖聽，人也不能醒也；雖醒，人也不能行也」[3]，心性之學被視為無用的清談。在顏習齋看來，「救弊之道，在實學，不在空言」[4]，因此「務實」成為顏習齋思想的顯著特色，而這個特色主要就表現在他對實用之學的大力提倡。

所謂實用之學，指的是古代三事三物之學，這在顏習齋思想中佔有極重要的地位。對於三事三物的關係，習齋作了如下的解說：「其實六德，即所正之德也；六行即所以厚其生也；六藝即所以利其用也。」[5]可見顏習

---

2 林聰舜：《明清之際儒家思想的變遷與發展》一書，指出「經世致用的觀念在習齋身上已趨向極端化」，詳見該書第五章，頁 219；第六章，頁 268。
3 見《存學編》卷一〈總論諸儒講學〉，《顏李叢書》第一冊，頁 128。
4 見《存學編》卷一〈性理評〉，《顏李叢書》第一冊，頁 144。
5 見《習齋記餘》卷九〈駁朱子分年試經史子集議〉，《顏李叢書》第一冊，頁 331。

齋的實學是「三事」，也是「三物」[6]，皆統合於「正德、利用、厚生」的原則下[7]。依習齋的見解：

> 三事六府，堯舜之道也；六德六行六藝，周孔之學也。古者師以是教，弟以是學，居以養德，出以輔政，朝廷以取士，百官以舉職，六經之文紀此簿籍耳。（《顏習齋先生言行錄》卷一〈刪補三字書序〉）

　　無論是教學方面、修養工夫、治國理念，皆以三事三物之學為根本。而學者當盡力於此，才能言全體大用[8]。

　　顏習齋之所以提出實用之學，主要原因還是針對談心談性的空疏之學而發，以三物代替宋明儒的明心見性，靜坐主敬，以三事達到修齊治平。除了上述的實學之外，凡是可以實際應用，或足以成就事功的學問，如天文、地理、律曆等，均在習齋重視倡導之列，也因此

6　張西堂：《顏習齋學譜》，頁 77，提到：「三事與三物，亦非有二致。先生之所謂學，專以三物言，或以三事言，亦無不可。」
7　對於六府三事三物，顏習齋是以堯舜三事賅其餘，《習齋記餘》卷九〈駁朱子分年試經史子集議〉也提到：「六府亦三事之目，其實三事而已。」
8　參見王新春：〈顏習齋所挺顯的實學進路〉，《孔孟學報》第六十八期（民國八十三年九月），頁 260-285。文中對顏習齋所謂的「全體大用之學」詳加詮釋：所謂「全體」，即人人都天然完具本善之體，包括人性、人體或人的氣質；所謂「大用」，即由此本善之體向外通、向外開，所生發的至大至貴之作用，體現在外王事功的實現上。就學說具體內容角度而立論，顏習齋的「全體大用之學」，亦可概之為「三事三物之學」。

表現了顏習齋重實學，講求實用的思想特色。

二、注重習行

　　顏習齋以為，最具實用價值的學問是三事三物之學，而要把握、推展這些學問，非透過「習行」的途徑不可。「習行」有別於言語上、紙墨上的活動，它是身體力行，是實際生活中的磨練。

　　關於顏習齋注重習行的思想特色，充分表現在思想的各個層面[9]。在修養論上，強調習行勞動以踐形盡性。在知識論上，「習事見理」的主張，反映出對具體事物的重視；「因行求知」的認識過程，也顯示習行的重要性；而對「格物致知」的詮釋，更清楚體現習行的作用和地位[10]。針對宋明學者脫離實際的心性之學、靜坐冥想、專務虛文，顏習齋主張經由「實文、實行、實體、實用」，「為天地造實績」[11]。另外在教育思想上，也是強調習行習動的教學方法，重視對實際技能的培養，將所學所讀所聞所知，親身踐履，時習力行，以成就真

9　相關論述參見林聰舜所撰《明清之際儒家思想的變遷與發展》，頁226-240。書中提到：在顏習齋思想的每一層面，都可以看到「習行」的影子，以「習」作為貫串顏習齋思想的核心觀念是最適宜的，把握了「習行」，也就把握了顏習齋思想的精義。

10　張武在〈論顏李學派的思想特徵及其形成〉一文中，認為顏習齋強調知來源於行，又對格物致知問題作新的闡述，體現了顏習齋「行」的思想特點。該文將顏李思想體系的主要特徵簡略地概括為：實、行、功、動。

11　見《存學編》卷一〈上太倉陸桴亭先生書〉，《顏李叢書》第一冊，頁131。

才實學。

　　由此可見，顏習齋對習行的重視，正是區別於前人和當時學派的顯著特色。

三、崇尚事功

　　顏習齋注重事功，求學、處事、正誼、明道，都要計功謀利[12]，「凡舉步覺無益，就莫行；凡啟口覺無益，就莫言；凡起念覺無益，就莫思」[13]，依習齋之見，不言功利，道、義只是空洞的言論，無益世用，因此在其經世的主張，特別留意富強之策，明顯反映出他追求事功效益的思想。

　　《年譜》中記載顏習齋對於宋人輕視事功的不滿：「思宋人但見料理邊疆，便指為多事；見理財便指為聚斂；見心計材武便憎惡斥為小人，此風不變，乾坤無寧日也。」[14]不謀功計利，使天下無寧日，無以正德，無以厚生，所以顏習齋認為學教治須一致，學習有用的知識，教導理萬事、建事功的本領，「幹旋乾坤，利濟蒼

---

12 參見孫廣德：〈顏元與李塨之實利思想〉，《社會科學論叢》二十七期（一九七八年），頁 41-73。文中甚至認為顏習齋與李恕谷，以實利思想為其思想之全部。

13 見《顏習齋先生言行錄》卷上〈理欲第二〉，《顏李叢書》第一冊，頁 90。

14 見《年譜》卷下「丁丑六十三歲」條，頁 89。又《朱子語類評》中，顏習齋說：「宋家老頭巾，群天下人才于靜坐讀書中，以為千古獨得之秘，指幹辦政事為粗豪為粗吏，指經濟生民為功利為雜霸。」《顏李叢書》第一冊，頁 206。

生，方是聖賢」[15]。

　　顏習齋崇尚事功的思想特色，也表現在對歷史人物功過是非的品評[16]。他推崇陳亮的事功之學，尤其對王安石推行新法極為肯定，視王安石變法興利除弊之舉：「正是宋家對症之藥，即治瘡之砒霜，破塊之巴黃、猶之治虛勞之參苓」[17]，稱許王安石：「荊公之所憂，皆司馬、韓、范輩所不知憂者也；荊公之所見，皆周、程、張、邵輩所不及見也；荊公之所欲為，皆當時隱見諸書生所不肯為，不敢為，不能為也。」[18]王安石所想所為，皆富國強兵，兼利天下，卻遭誣謗，對此顏習齋深為感慨：「以真忠真義、大功大勞、廉潔幹濟之宰相，當時被腐固書生亂其政，使大功不成；後世被悖謬書生壞其名，使沈冤不雪，豈惟公之不幸，宋之不幸哉！」[19]顏

15　見《顏習齋先生言行錄》卷下〈教及門第十四〉，《顏李叢書》第一冊，頁 109。

16　參見朱葵菊：《中國歷代思想史—清代卷》，第十三章〈顏元的倡實學重習行的思想〉，頁 376-377。又郭淑云：〈顏元對宋明理學的批判及其特點〉，《中國哲學史》（一九八七年十一月），頁99-105。文中也提到：顏習齋把他的功利思想運用到歷史的觀察上，形成以功利為標準的歷史觀，所以顏習齋極推重歷史上康濟時艱、經世濟民的政治家、思想家。

17　見《朱子語類評》，《顏李叢書》第一冊，頁 224。

18　見《習齋記餘》卷六〈總評王荊公上仁宗萬言書〉，《顏李叢書》第一冊，頁 299。

19　見《朱子語類評》，《顏李叢書》第一冊，頁 205。另陳登原：《顏習齋哲學思想述》，第八篇〈顏元論治〉中也提到：自來學者，多輕薆事功，而欲有所為者，以為功利之徒，王安石施行新法，身後是非，聚訟莫定，然清初大儒多有非議之者，獨習齋為其平反贊與。詳見該書頁 144-145。而顏習齋在六十二歲時，著〈宋史評〉，極力為王安石申辯，全文今不詳，惟《年譜》錄其略，亦可供參考，見頁 87-89。

習齋對王安石予以高度的評價，就是以功業作為標準，衡量人物道德之高下，學問之得失，所得的結論。

綜上所述，可見顏習齋對事功的注重，在其思想體系中，也是一項明顯的特色。

第二節　思想價值

明清之際，政治變局的衝擊，學術風氣的轉變，學者在許多層面上，以種種不同的方式，表現出不同思想型態的義理規模，或如黃宗羲修正王學；或如顏炎武、王夫之回返程朱之路。而一種思想所以能成為一家之言，必有其獨特的見解。顏習齋不喜作抽象玄談，講求實際的學問，敢「開二千年不敢開之口，下二千年不敢下之筆」[20]，其哲學體系的建構，對宋明理學的批判，以及新開展的實學進路，在當時著實別具一格，有其意義與價值。

一、賦予氣質積極的意義

自古以來，許多思想家對於人性問題，討論熱烈，異說紛繁[21]，早在先秦時代，就展開了人性善惡的探討

---

20 此顏習齋弟子王源於《居業堂文集》卷八〈與婿梁仙來書〉中語，引見錢穆：《中國近三百年學術史》上冊，頁198。

21 徐復觀：《中國人性論史—先秦篇》，序文中說：「人性論不僅作為一種思想，而居於中國哲學思想史中的主幹地位。」頁2。又方立天：《中國古代哲學問題發展史》上冊第七章〈中國古代人性論〉，對歷代人性論有較完整的介紹，可供參考，見該書頁389-489。

與爭辯。孔子對人性問題雖然沒有詳細論述，但從此之後，人性論漸成為思想上的一個重要課題[22]，孟子言性善，荀子言性惡；秦漢以後，董仲舒和唐代韓愈有「性分三品」說，西漢揚雄則提出「性善惡混」的觀點[23]；到了宋代，張載創建了性分「天地之性」和「氣質之性」的思想體系，程頤繼承並提出「性即理」的命題，朱熹則綜合張載、二程的學說，進一步有系統的加以論述，認為只有區分天命之性和氣質之性，才是圓滿地說明人性問題。

　　然而，在顏習齋看來，程朱一系的人性論學說未必圓融，他認為人性是唯一且善的。自其理氣一致的宇宙論出發，提出性形不二的主張，論述「人性本善，氣質不二」的觀點，將惡歸諸後天的「引蔽習染」，進而在人性的修持工夫上，主張踐形以盡性，由人生實踐以見性，強調在具體事物上的實踐與習行，不再追求空洞的心性之學。

22　《論語》中有兩處出現過「性」字，〈陽貨〉：子曰「性相近，習相遠」；〈公冶長〉：子貢曰「夫子之言性與天道，不可得而聞也」。其他並沒有詳細地論述，卻對後來的人性學說產生深遠影響，開探討人性論的先導。

23　董仲舒分人性為三品，一為至善的「聖人之性」，一為至惡而不可改易的「斗筲之性」，一為可向善惡兩個方向發展，但「待漸於教訓而後能為善」的「中民之性」，見《春秋繁露・實性》。韓愈也將人性分上、中、下三品，「上焉者善焉而已矣，中焉者可導而上下也，下焉者惡焉而已矣」，見〈原性〉。揚雄之論，見《法言・修身》所云：「人之性也善惡混，修其善則為善人，修其惡則為惡人。」

　　顏習齋的人性論，直下肯定並申述了人的通體之善，指明人性本善，人性所賴以產生和存在的人體、氣質也本善而不惡，透過身體的勞動與對事物的投注，就能保其性而免於惡。顏習齋更強調，不論氣全氣偏，任何人只要肯努力自充其固有的形骸，使自己的善性表現出來，都可以成學、成材、成德、成為聖賢。

　　在這樣的思想規模之下，暫且不論顏習齋學說究竟包含多少真理性的成分，其在實際中是有意義的。顏習齋的理論，反映出重視生命才情的顯揚，重視氣質之性創造人生價值的功能[24]，賦予氣質積極的意義[25]，使人肯定其本有的形體價值，更進一步地充分肯定人之所以為人的價值與尊嚴，對「人為萬物之靈」作出最大限度的註腳，為人肯定自身，開發自身的潛能，提供更加堅實、積極的保證[26]。

24　參見林聰舜：《明清之際儒家思想的變遷與發展》，第五章〈顏元及其他儒者〉，頁 226。

25　參見韋政通：〈顏習齋思想述評〉，《東方雜誌》復刊第一卷第五期，頁 86-90。文中提到：「顏元純從積極義一面看氣質，並強調氣質的作用。」韋氏認為宋儒與顏習齋對氣質之性的認識，根本是從兩個不同的角度：宋儒知氣質的「能違」義，所以是消極的；顏習齋知氣質的「能助」義，所以是積極的。宋儒就進德工夫視氣質為惡；顏習齋就氣質之效用而言其善，若兩相孤立地看，兩者之說皆可成立。相關論述亦見韋氏：〈顏習齋駁宋儒氣質性惡說平議〉，《人生》第二十三卷第五期（民國五十一年一月），頁 18-24。

26　參見王新春：〈顏習齋所挺顯的實學進路〉，《孔孟學報》第六十八期（民國八十三年九月），頁 260-285。本文所引論點見頁 268。又林晉士：〈顏習齋之人性論述評〉，《孔孟月刊》第三十三卷第一期（民國八十三年九月），頁 26-34。文中也說：顏習齋主張氣質性善，賦予氣質積極的意義，使人不妄自菲薄，提高人們的自尊，有助於鼓舞每個人盡力去發揮個別潛能，實現自我。

二、肯定躬行實踐的效用

　　顏習齋以習行為主要的存養工夫，強調後天的學習與鍛鍊，重視在具體事物上的親身實歷。在顏習齋看來，透過實際的行動，身心道藝一滾加功[27]，則有益於治心養性[28]，強健身心；經由躬行踐履，使自己的善性發揮作用，向外通，向外開，更有益於成就外王事功[29]。這樣著重外在動態工夫的修養論，呈顯了習行勞動的積極意義。

　　在知識論上，顏習齋認為，經由躬行實踐，人們才能獲得真知，甚至強調由實踐來檢驗知識的正確與否，於是發展而為從經驗中學習，從行動中學習的認知主張[30]，堅持「因行得知」、「習事見理」的觀點，要求到具體事物中認識事理。而顏習齋的「格致」之學，重視學習六藝，親身體驗，求取真知，並實踐在生活之中，

27　見《存學編》卷三〈性理評〉，《顏李叢書》第一冊，頁 149。

28　顏習齋說：「開聰明，長才見，固資讀書，若化質養性，必在行上得之。」見《顏習齋先生言行錄》卷上〈理欲第二〉，《顏李叢書》第一冊，頁 91。

29　參見王新春：〈顏習齋所挺顯的實學進路〉，《孔孟學報》第六十八期，頁 260-285。本文所引論點見頁 272。

30　顏習齋這方面的理論頗似美國實用教育的提倡者杜威。薛梨真：〈杜威與顏習齋哲學、教育思想之比較研究〉，《教育文萃》第十三期（國立高雄師範學院，民國七十三年），頁 68-78。文中提到：杜威與顏習齋的知識論，在重實行觀點上是相同的，二人都強調做中學，看重實行的價值，認為知識為實行而起，在行動中求得知識，知識亦賴行動而完成。而二人的差異則在於杜威不偏廢科學思考的思維作用。

以成就個人的德行，充實一己的生命，增進群體的福利[31]。對「格物致知」的重新詮釋，突顯了實踐的重要性，更反映出顏習齋對實踐效用的肯定。

由此可見，在顏習齋看來，無論是知識的獲得，道德的成全，事功的創造，都有賴於「躬行實踐」而完成，所以在顏習齋的思想體系中，以「習行」為核心，肯定了實踐的效用，同時對懸空說理、不切實際的學風，更是一大針砭。

三、體現反省批判的精神

由於明末清初的政治變局，知識分子思考與反省歷史的教訓，而把矛頭指向心性之學[32]，對宋明理學進行不同程度的批判與總結，顧炎武、王夫之等人是對王陽明心學進行不妥協的道路；黃宗羲是以學術史的編纂，通過對數百年理學發展史的總結，彰明學術遞嬗的軌跡；孫奇逢、李顒等人試圖以調停折衷朱陸學術，謀求新路；錢謙益、毛奇齡、胡渭則側重對宋儒經說明的否

---

31 參見成中英:〈顏元的格致之學〉,《中國哲學與中國文化》(台北:三民書局,民國六十三年三月),頁 173-176。

32 陳祖武:〈論清初學術〉,《第四屆清代學術研討會論文集》(高雄:國立中山大學中國文學系,一九九五年十一月),頁 17-31。文中提到:清初學術是明清更迭促使學術界進行歷史反思的產物。又劉述先:《黃宗羲心學的地位》(台北:允晨文化實業股份有限公司,民國七十五年十月廿八日),書中提到:心性之學本身無罪,但其流弊則天下人共見,以是成為替罪之羔羊,於理雖無據,其勢卻有所必然也。見該書頁 181。

定和漢唐義疏的表彰，而與理學分道揚鑣；唯有顏習齋、李恕谷等人對程朱陸王之學給予排擊，充分體現清初學術的批判理學精神[33]。

就思想史的發展而言，宋明理學的成就當是在心性領域的表現，但這種用心於內以成就人格修養的理論與工夫，愈來愈細密。到了明清之際，往往見到的是與釋道同玄的一面。而顏習齋從宋明儒者的言行效果上觀察，極力批判宋明理學，層面廣泛：批評以氣質之性為惡，駁斥以傳注訓詁為學，反對靜坐的內省工夫和脫離實際的讀書著述，指摘他們談心說性，柔弱無用，未能成就事功。

一個學說立論最精彩的地方，往往就是它偏失之處，透過徹底的批判後，對宋明理學的價值反而有更清楚的認識；且透過正反兩面的考察，也可以對宋明理學有更接近全面性的了解，這是顏習齋批評宋明理學的意義所在[34]。

總而言之，顏習齋從各個角度對宋明理學提出批判，雖未必全然中肯，有時也不免過於激烈，卻也體現了顏習齋思想中反省批判的精神[35]。

33　參見陳祖武：〈論清初學術〉，《第四屆清代學術研討會論文集》，頁 28。
34　參見林聰舜：《明清之際儒家思想的變遷與發展》，頁 269-272。
35　參見郭淑云：〈顏元對宋明理學的批判及其特點〉，《中國哲學史》，頁 99-105。該文論述顏習齋對宋明理學各方面的批判，並說明顏習齋如何在批判理學的同時，開展自己的哲學思想，體現大無畏的批判精神。

四、彰顯經世致用的理念

　　明末清初，在學術上，與環境的危機意識深相結合的經世致用思想，蔚然成風[36]。基本上，經世致用的思想，就是由個人的哲學思想為展開點，在強烈的自覺要求下，賦予個人對社會的使命感，發為一種積極的主張，透過種種不同的規畫，達到天下治平的理想[37]。

　　清初學者則從不同方面分析明季衰世形成的原因，歸咎於明心見性的路向，因而提倡經世致用之學，對治王學末流所造成的流弊。黃宗羲以心學融合經世之學，要使聖賢之精微，常流行於事物之間，以開物成務[38]；顧炎武提倡以經學為中心的「博學於文」、「明道救世」[39]；王夫之強調以史學研究，作為經世致用的參考[40]。而顏習齋之學，則以復古為志，以習行入手，以建立事功

36　參見李紀祥：《明末清初儒學之發展》（台北：文津出版社，民國八十一年十二月），第一章，頁 8。

37　參見林保淳：〈舊命題的全新架構─明清之際的經世思想〉，《幼獅學誌》第十九卷第四期（民國七十六年十月），頁 170-192。

38　見黃宗羲：《南雷文定》（台北：世界書局，民國五十三年二月）後集，卷四〈通議大夫兵部職方司郎中太垣靳公傳〉。

39　顧炎武在《日知錄》（台北：文史哲出版社，民國六十四年四月）卷九「博學於文」條下說：「君子博學於文，自身而至於家國天下，制之為度數，發之為音容，無非文也。」而在《亭林文集》卷六〈答友人論學書〉（見《顧亭林詩文集》，台北：漢京文化公司，民國七十三年三月）提到：其「文」在「詩、書、三禮、周易、春秋」，博學於文，方能「撥亂反正，移風易俗，以馴致乎治平之用」。

40　見王夫之：《讀通鑑論》（台北：里仁書局，民國七十四年二月）卷末〈敘論四〉。

為的，將經世致用的思想推到極致[41]。

　　顏習齋的經世之學，就其具體內容而言，即是堯舜周孔所提揭的三事三物之學，這三事三物之學，為人性價值的開發，為外王事功的創成，為萬民福祉的求得，指明了方向，顏習齋即以此為基礎，提出一系列具體的經世主張[42]。在政治制度上，顏習齋主張效法三代，恢復封建；在選舉論，主張廢除八股取士的科舉，改以六藝取士，或代之以徵舉；而為實現強天下的目的，提倡寓兵於農、兵農合一的兵制；在經濟上，效法三代井田，實行均田；在教育制度上，主張把文事與武備、經史與藝能結合，造就經緯天地、立功建業的人才。以上具體的主張，都是在「致用」的觀點下展開，鮮明地表現了顏習齋極端的致用思想。

　　姑且不論顏習齋提出的經世主張之可行性，就其所秉持著經世濟民、補救時弊的理念，以及彰顯經世致用的思想，確立經世事功的價值，都是值得肯定的。

---

41 余英時先生說：「清初把經世致用的思想發揮到極端，並且自成一個系統的卻要數顏元和李塨。」參見〈清代思想史的一個新解釋〉，《歷史與思想》（台北：聯經出版事業公司，民國八十四年三月初版十九刷），頁138。

42 參見王新春：〈顏習齋所挺顯的實學進路〉，《孔孟學報》第六十八期，頁273-275。

第三節　思想缺失

　　不論是建立本身的學術思想體系，或是批判宋明學者的言行，顏習齋都是立基於實用功效的考慮，想透過動態的身習實踐，把握堯舜周孔之學，用以對治宋明理學的缺失，立論雖嚴厲，但把實用觀點作為思想中唯一的指導原則，反而造成了思想本身的理論缺陷[43]。以下針對顏習齋思想學說的缺失，加以考索，作一評析。

一、立論粗疏而徒知求用

　　顏習齋批判理學家空談誤國，尖銳地揭露理學的弊端，如果顏習齋對宋儒的攻擊，只限於流弊一面，對宋儒體天道立人極的正面精神加以肯定，並以之為實用思想的基礎，未嘗不可視為宋明儒精神的進一步開拓[44]。可惜的是，顏習齋對宋儒卻是毫不留情的全面否定，而在批判理學時，因思想本身缺乏周詳的基本理論，造成

---

43 顏習齋思想本身的缺陷，錢穆在《中國近三百年學術史》上冊，頁 216-219，論之甚詳。又胡楚生：〈朱一新論顏學之基本缺失〉，《中國學術年刊》第九期（國立臺灣師範大學國文學系，民國七十四年三月），頁 111-120，針對清末朱一新對顏氏之學的評論，加以疏釋，歸納而得顏學基本缺失約有三端：泥古而不知趨時，無體而徒知求用，無道而專習其藝。兩者可相互參照。

44 參見韋政通：〈顏李學研究〉，《人生》第二十三卷第二期（總二六六期），頁 3。

許多偏頗之處。

在顏習齋看來，宋明理學最大的弊病，在於「無用」與「不習」。習齋將南宋之亡，歸咎於程朱的講學論道，而就柔弱無能的事實證明宋儒之無用。平心而論，宋明理學家不重事功，雖有缺失，但學者無權無位，責以亡國之罪，不免流於苛責。凡是批評必須有一個前提，就是要先對批評的對象，有相應的瞭解。顏習齋順其事功的要求，賦予氣質積極作用的一面，卻不知宋儒講「氣質之性」，是就成德立場而言，在道德實踐的工夫中始見其惡[45]。另外在修養工夫方面，顏習齋認為宋儒主靜居敬，只是把持一個死寂，「乃釋氏鏡花水月幻學」[46]，終至厭事廢事，無益於用，所以顏習齋欲以習行代替，達到成就事功的目的。然而，強調實行踐履，固能針砭理學末流心性修養工夫空疏玄虛的流弊，卻也忽視了內在修持的重要性。

因此，就顏習齋的思想體系而言，理論並不周延，如對惡的來源問題的解答，習齋主張惡來自引蔽習染，既由引而蔽，則一切惡之起皆由於外物所引動，等於將惡的來源完全歸於後天。但外物之所以能引動人向惡，人自身當有此引動的因素，否則外物之來，人可無動於

---

45 參見韋政通：〈顏習齋駁宋儒氣質性惡說平議〉，《人生》第二十三卷第五期，頁 18-19。

46 顏習齋說：「靜中了悟，乃釋氏鏡花水月幻學，毫無與性分之真體，位育之實功。」見《年譜》卷下「辛未五十七歲」條，頁 75。

衷，顏習齋對此並沒有提供完整的答案[47]。至於顏習齋反對讀書著述的主張，激烈不合理的批評，也是所見不充，思想規模狹隘所造成的[48]。

而顏習齋著力強調的三事三物之學，除了透顯相當重視實用的特色外，並沒有進一步深層的理論反思與建構[49]。「三事」典出於《尚書・大禹謨》，「三物」典出《周禮・地官・大司徒》，在當時已有學者指其為偽書[50]，即使顏習齋認為只要得經世致用的路徑，書的「真偽可無問」[51]，但所據的經典受到嚴重懷疑，理論根據

---

47 參見林晉士：〈顏習齋之人性論述評〉，《孔孟月刊》第三十三卷第一期，頁 31-32。

48 參見韋政通：〈顏李學研究〉，《人生》第二十三卷第三期（總二六七期），頁 10-12。

49 朱一新云：「顏習齋以宋儒為空虛無用，而欲以六府三事六德六行六藝矯之，動稱水火工虞兵農禮樂，聆其名甚美，按其實，則皆非也。」見《佩弦齋雜存，答某生》，轉引自胡楚生：〈朱一新論顏學之基本缺失〉，《中國學術年刊》第九期，頁 119。韋政通先生也認為，顏習齋思想以三事三物為基本內容，但根據顏習齋留下來的著作，以及言行記錄中，並未全面而周詳地加以闡揚，可以證明顏習齋思想的粗糙。見韋氏：〈顏習齋思想述評〉，《東方雜誌》復刊號第一卷第五期，頁 86-87。

50 《周禮》一書，自來眾說紛紜，鄭玄以為係周公所作，何休則以為係六國陰謀之書，清初萬斯大撰《周官辨非》，以為《周官》非周公之書，舉其可疑者五十五處。毛奇齡亦指《周官》非聖經，方苞、崔述亦指斥《周官》乃偽作，非周世之書。至於《古文尚書》，經閻若璩《古文尚書疏證》考為偽書，後經惠棟《古文尚書考》與段玉裁《古文尚書撰異》衍其餘緒，偽書的說法在學界幾成定讞。

51 見《習齋記餘》卷三〈寄桐鄉錢生曉城書〉，顏習齋說：「古來詩書不過習行經濟之譜，但得其路徑，真偽無可問世。」《顏李叢書》第一冊，頁 279。

就已鬆動，其學說自然較不易為人所信服。這使得顏習齋思想的基本理論缺乏系統性、周密性與完整性，且根據古制而未能趨時變動，更難以求其致用。

二、輕視理論而專務習行

「知識」，就其廣義的解釋，約可分為四大類：一為感覺的知識，是由感覺器官接觸事物而獲得的知識；二為推理的知識，是根據邏輯推理的程序，或用「演繹」，或用「歸納」而獲得的知識；三為實行的知識，是由實踐、體驗或證驗而獲得的知識；四為內觀的知識，是超乎感覺的理性內觀反省而獲得的知識[52]。

就知識的種類而言，顏習齋反對內心自證真理，由玄思冥想所得的知識，表現得最明顯就是他對宋儒以靜坐主敬覺悟道理、獲取知識的批判。顏習齋認為，宋儒「專向靜坐收攝，徐行緩語處言主敬」，這是離開具體事物，不僅不必運用感覺器官，而且身心皆不活動，和坐禪入定沒什麼分別，習齋則引《論語》為證，強調「執事敬」、「行篤敬」。

顏習齋重視用感覺器官接觸具體事物，再加以實踐、體驗而獲得實行的知識，也就是強調直接感覺經驗和親身習行對取得知識的重要性，這點可從他對「格物致知」的詮釋表現出來。顏習齋說：「格物謂犯手實做

---

52 參見楊承彬：《中國知行學說研究》（臺灣商務印書館，民國六十七年五月），頁 27-28。

其事，即孔門六藝之學也。凡如講究講樂，雖十分透徹，若不身為周旋，手為吹擊，終是不知，故曰：致知在格物。」[53]在習齋看來，要格物致知，不能離開具體事物，並要實習實做，經由身體習行，配合耳、目、口、鼻等感覺器官，採取嘗試、證驗等行動去獲得經驗，這樣所得的經驗才是真實有用的知識，好比要知禮，就必須周旋跪拜；要知樂，就必須搏拊擊吹；要知味就必須放入口中。

在知行觀方面，顏習齋認為，由「行」才能得「知」，這在日常生活經驗中可得到印證，習齋曾舉彈琴和醫病為例，學琴一定要手到才能心到，不是熟讀琴譜就算會彈琴；學醫也得以診脈、製藥等下手，決不是熟習醫書便可以成良醫。顏習齋堅決地認定讀書無用，空談性理無用，著述也無用，從他的思想路數來看，是順理成章的[54]。

然而顏習齋思想的基本立足點是在「用」，講「實用」一旦講到極端，就不免流於輕視知識，尤其是理論知識。顏習齋在知與行的關係問題上，特別注重實踐的重要性，強調感性的經驗，因此，習齋的知識論囿於實行致用，造成認定的知識範圍太狹隘，而過分輕視書本知識，也就忽視理論對行動的指導作用；片面誇大感性

---

53 見《顏習齋先生言行錄》卷上〈剛峰第七〉，《顏李叢書》第一冊，頁 98。
54 參見余英時：〈清代思想史的一個新解釋〉，《歷史與思想》，頁 140。

經驗，也就忽略了理性思維的重要性。

　　當接觸客觀外界事物，「感覺」固然是事物某些真實性的反映，但這種反映還是片面的和表面的東西，並未完全觸及事物的本質意義，要瞭解事物的內在規律性，還是必須通過思考的作用，將感性認識提升到理性認識[55]。然而，顏習齋堅持接觸客觀具體事物，經由習事而見理，反而忽略了事物內在的形上原理，使得本身理論侷限於經驗直觀，未能達到理性思維的層次。章太炎先生就批評顏習齋的重直接經驗，是「滯於有形，而概念抽象之用少」[56]的片面主張。

　　總而言之，顏習齋把重行推向極端，一切都要通過「行」，在行中學，在行中求知，輕視讀書、講問、思辨的作用。而強調直接實際經驗的可靠性，雖對糾正知行脫節有積極的影響，但「只向習行做工夫」，就顯得矯枉過正，再加上輕視讀書、講問等間接經驗，使其在知識論上有誇大感性經驗知識及忽略理性思維的缺失。

　　知識活動，經由理論上的探究與經驗上的實踐，交互為用，才能累積人類文明，使社會持續進步，由此看來，顏習齋一切皆以實用習行為事，輕視理論知識，忽略理性認識，的確是失之偏頗。

---

55 參見趙宗正：〈論顏元的認識論〉，《哲學研究》第八期（一九七九年），頁 67。

56 見章太炎：《訄書‧顏學》，轉引自張立文：《中國哲學範疇發展史──人道篇》（五南圖書出版公司，民國八十六年一月），頁 602。

三、拘泥復古而不合時宜

　　顏習齋論學，非常強調孔孟和程朱之間的不同。其
中最大的不同，就在於孔孟學問講求實用、實行，是動
態的；而程朱只講求靜坐和讀書，是靜態的。而真正的
聖學，在堯舜之世，只有所謂六府三事；在周孔時代，
只有三物。顏習齋就以六府三事三物之學為「實位天地，
實育萬物」之學，並且主張儒者當「以六德六行六藝及
兵農錢穀水火工虞之類教其門人」，所以「凡弟子從遊
者，則令某也學禮，某也學樂，某也兵農，某也水火，
某也兼數藝，某也尤精幾藝」[57]。

　　然而，顏習齋雖是針對宋明儒者不通世務的現象，
強調實用之學，但他本身對兵農錢穀水火工虞等專藝知
識，並沒有足夠的學養[58]。朱一新譏笑顏習齋誤以技擊
為兵學，虛構了治火之學，而且在書、數、禮、樂等皆
泥古不知變通[59]，確實說中了顏習齋的痛處，錢穆先生
說：「今考顏學體系，……歸與舊傳統相消融者，則厥
在其講禮樂之一端。習齋講學，以禮樂與習行事物為鼎
峙之三足，而尤以禮樂為大廈之獨柱，以禮樂打拼內外，
貫通古今，功利與性天，亦在此交融，最為習齋制行講

---

57 見《存學編》卷一〈明親〉，《顏李叢書》第一冊，頁130。
58 參見龔鵬程：《晚明思潮》，頁309。
59 見朱一新：《佩弦齋雜存·答某生》，轉引自胡楚生：〈朱一新論顏
　　學之基本缺失〉，《中國學術年刊》第九期，頁116-117。

學精神所寄，而實亦顏學未能超出舊傳統，卓然自拔之所由也。」[60]

在六藝之中，顏習齋最注意「禮」，然而典禮制度，當隨時變易為用，《論語》之中，記孔子所論，也僅言禮樂之理，而不言禮樂的儀度法式。因此梁啟超先生認為，顏習齋所謂最實用的「藝」，因社會變遷，「非皆能周於用」；所最重視的「禮」，是「二千年前一種形式，萬非今日所能一一實踐」[61]。

顏習齋的事功之學，以昭復三代先王古道自許，想把聖王之道推行於世，使三代郅治重見於當時。論政治，主張恢復三代的封建、井田制度，並提倡兵農合一，治農即以治兵，學校也是教文即以教武。一成不變地想以三代制度解決現實問題，以至於泥古太甚，給人以抱殘守闕，復古保守的印象[62]，連他的弟子也不贊同這樣的主張，李恕谷在〈存治編書後〉舉了七條理由，反對顏習齋恢復封建；更認為井田及鄉里選舉的說法，應彈性處理，所謂「因時酌略，而大體莫易」[63]。由此可見顏習齋的經世致用之學，專取古制，而在尊古、復古之中，走上拘執，不知趨時變易，使其所論所為往往不合時宜。

---

60 參見錢穆：《中國近三百年學術史》上冊，頁 195。
61 參見梁啟超：《清代學術概論》（臺灣商務印書館，一九九四年台二版），頁 47-48。
62 參見余英時：〈清代思想史的一個新解釋〉，《歷史與思想》，頁 141。
63 顏習齋論治觀點，拘泥古制。李恕谷是習齋最重要的門人，對此也不能苟同，故作〈存治編書後〉，內容詳見《顏李叢書》第一冊，頁 179-180。

　　講實用的學說，本為解決時代問題而起，一定要因時變易，容不得泥古不化。然而顏習齋既重視實用價值，卻又力求復古，使其經世致用和復古主張之間，有著不可調和的內在矛盾[64]。顏習齋思想的基本理論，全在六府三事三物，全以上古為限，朱一新就批評其皆以古為尚，過崇古學，而不能變通趨時，如此一來，則不免與世扞格而難於踐行[65]。

　　每個時代都有它獨特的環境，世異則事異，時代不同，所產生的問題也不同，重視實用，最應針對時代的特殊問題，設計對治的方法，就事論法，因其時而酌其宜，以切合當世實用，否則就是膠柱鼓瑟，不知變通。而講經濟事功者，更要能熟於人情世故，通古今之變，明事類之賾，斟酌損益，本身具備足夠的學養[66]。顏習齋想以三代舊法解決當代問題，偏執古代文化制度，反而失去了經世的時代性與實效性。

64　參見余英時：〈清代思想史的一個新解釋〉，《歷史與思想》，頁 141。
65　參見胡楚生：〈朱一新論顏學之基本缺失〉，《中國學術年刊》第九
　　期，頁 117。又高太植：《顏元的經世思想》，頁 133 提到：「六府
　　三事三物，上古之說，聆之甚美，一按其實，則皆屬難於踐行者，
　　是不免泥於古制，而不知古今異宜，時既不同，變通趨時，乃可
　　應世。」
66　參見龔鵬程：〈儒學經世的問題：以顏元為例〉，《晚明思潮》，頁
　　307。

第四節　歷史地位

　　對中國思想家來說，「哲學從來就不是為人類認識擺設的觀念模式，而是內在於他的行動的箴言體系，在極端的情況下，他的哲學簡直可以說是他的傳記」[67]。顏習齋的生命態度，即遵守他的哲學信念，事事而躬行之，物物而身肄之。李恕谷為顏習齋所寫的悼詞，更道盡顏習齋一生為學的精義與本懷：

> 慨然謂周孔之道在六德、六行、六藝，後儒以靜坐致良知參雜異端，纂吾心之德。且鄉黨自好，遂負高誼罕見。一一考行古道，絲髮不苟者，至攻詩文纂章句，群趨無用，而先王兵、農、禮樂之藝，嗒然喪失，以致天地不得位，萬物不得育。乃定課，外整九容，內頌明命，一致加功，自終日迄夕，乾乾惕若，家禮、學規，酌古準今務曲當。帥弟子分日習禮、習樂、習數書，考究兵農水火諸學，堂中灑掃潔甚，琴竽決拾，籌管森列，眾生揖讓進退其間，已而歌謳舞蹈。唐宋後儒室久不見此三代威儀矣。于是著存性、存學、存治、

67　參見馮友蘭：《中國哲學簡史》（台北：藍燈文化事業公司，民國八十二年十月再版），頁10，引金岳霖先生語。

　　存人以立教，是為先生之學術，而謂先生之生，
　　徒然耶！天無意耶！故嘗謂先生之力行為今世第
　　一人，而倡明聖學則秦後第一人。（《年譜》卷
　　下「甲申七十歲」條）

　　習齋哲學思想的闡發，主要來自對宋明理學的批評
與駁斥，在當時理學為學術主流的情況之下，實冒天下
之大不韙，但是顏習齋疾呼其學術主張，絲毫不妥協。
他曾告訴李恕谷說：「立言但論是非，不論異同。是，
則一二人之見不可易也；非，則雖千萬人所同，不隨聲
也。豈惟千萬人，雖百千年同迷之局，我輩亦當以先覺
覺後覺，不必附和雷同也。」[68]顏習齋講求實用，注重
習行，崇尚事功的哲學思想，的確有別於宋元以來的性
理之學，戶牖別開，在清初學術思潮中，佔有非常重要
的地位。
　　清初學術思想的特徵，主要是批評理學和提倡經世
致用之學，從這兩方面來看，顏習齋的思想與顧亭林、
黃梨洲、王船山相比較，所表現的精神與特色，更具有
代表性[69]。
　　從批評理學方面而言，顏習齋不僅反對程朱與陸王

68　見《顏習齋先生言行錄》卷下〈學問第二十〉，《顏李叢書》第一
　　冊，頁 117。
69　參見姜廣輝：《走出理學》（遼寧教育出版社，一九九七年五月），
　　第七章〈習行經濟〉，頁 252-255。

之學，對既往學術積弊的抨擊，更是空前，「上之為宋元明，其言心性義理，習齋既一壁推倒；下之為有清一代，其言訓詁考據，習齋亦一壁推倒」[70]，既不同於顧、王保留尊朱外貌，也不同於黃梨洲仍尊崇王學，因此大陸學者侯外廬指出：「王、顧、黃三人在時代精神上是宋明道學的異端，但卻在形式上還對理學抱有保留的態度，王、顧形式上左祖程朱；黃宗羲形式上左祖王守仁。顏元不然，對於宋以來的道學家一齊推翻，沒有一絲形式上保留態度。」[71]錢穆先生也說：「習齋，北方之學者也，早年為學，亦曾出入程朱陸王，篤信力行者有年，一旦翻然悔悟，乃并宋明相傳六百年理學，一壁推翻，其氣魄之深沈，識解之毅決，蓋有非南方學者如梨洲、船山、亭林諸人所及者。」[72]

從提倡經世致用之學方面來看，清初思想家進行了沈痛的歷史反思，對明末以來的積弊痛下針砭，主張講求當世之務的經世實學，顏習齋則「抑後二千年周、程、朱、陸、薛、王諸先生之學，而伸前二千年堯、舜、禹、湯、文武、周、孔、孟諸先聖之道」[73]，只強調經世濟民的實用之學，將經世致用的精神表現無遺，而在清初諸儒中獨闢蹊徑。

---

70 見王源：《居業堂文集》卷八〈與婿梁仙來書〉，轉引自錢穆：《中國近三百年學術史》上冊，頁 198。
71 參見侯外廬：《中國思想通史》第五卷，頁 324。
72 參見錢穆：《中國近三百年學術史》上冊，頁 159。
73 見《存學編》卷一〈明親〉，《顏李叢書》第一冊，頁 130。

　　因此，雖然顏習齋在學術思想上的貢獻不及顧、黃、王三大家，卻更集中且鮮明地反映了清初的學術特徵。

　　顏習齋所處的時代，正是西方科學文明引入中國之際，在此時代潮流之下，面對傳統思想的缺失，正急需講究實用的學說思想以救其弊，而顏習齋所注重的經世思想，雖然所樹的旗幟是「復古」，但在精神是「現代的」[74]，適時地反映時代的需求，展現出某些程度的真知灼見。

　　《四庫全書總目提要》記載：「蓋元生於國初，目擊明季諸儒崇尚心學，放誕縱恣之失，故力矯其弊，務以實用為宗。然中多有激之談，攻駁先儒，未免已甚。又如所謂打諢猜拳諸語，詞氣亦叫囂粗鄙，於大雅有乖。至謂性命非可言傳云云，其視性命，亦幾類於禪家之恍惚。持論尤為有疵，殆懲羹吹虀，而不知其矯枉之過正歟！」[75]顏習齋的哲學思想與理學相較，顯得直觀、淺近，缺乏層次[76]，在理論上未極精嚴，在對理學的批評上，也確實有持論高亢，矯枉過正的缺失。然而，顏習齋本身尊崇倫理而身踐之，強調氣質之作用以勵人向善，講求實功實利以正宋儒之虛浮，有其不可抹煞的意

74　參見梁啟超：《中國近三百年學術史》（台北：華正書局，民國八十三年八月），頁 117。

75　見紀昀等：《四庫全書總目提要》，十九冊，總頁 2004。

76　參見姜廣輝：《走出理學》，頁 250-252。書中論述顏習齋理論方法的缺點，侷限於經驗直觀，未能對一些籌疇的認識作深入的探索，因而沒有上升到理性認識的層次。

義與價值。因此，顏習齋別立一說的哲學思想，在清初
學術史上佔有重要的一席之地。

第五章 結 論

第一節 自成一家的哲學體系

　　明清之際的思想家，現實感都很強烈，其中最能重視實用，學術表現與時代關係最直接的，首推顏習齋。顏習齋的哲學思想，以「習行」為核心，並以「實用」作為檢驗一切事物價值的標準，他的學說都循著這一標竿而發展。

　　觀顏習齋的一生，歷遭人倫之變，其門人鍾錂說：「天嗇先生以倫常，使幼無父母，長無君臣，無昆弟，無子息，孑然一身，孤苦莫似，而獨不能限其學德。」[1]顏習齋自幼聰穎，好學勤奮，二十四歲以前，尚無明顯的宗法，運氣術、天象、地理、兵略、醫術與技擊等，莫不學習，而皆以實用為主。二十四歲得陸王要語，學宗陸王，為時雖短，但對其一生思想影響頗大。二十六歲折入程朱，屹然以道自任，期於主敬存誠，雖躬稼胼

---

1 見《顏習齋先生言行錄》卷下，《顏李叢書》第一冊，頁 117。

胝，也要乘閒靜坐。三十四歲居恩祖母喪，一切遵守文公家禮，深覺有違性情，因悟堯舜周孔正學在六府三事三物四教，於是奮力習行，率弟子門人行孝悌、存忠信、習六藝，以明行周孔之道為己任。顏習齋的成學歷程主要分為四個階段，初學時期，雜而無主；二十四至三十四歲，出入理學；後因服喪而悟，力倡回歸周孔舊典，是其學術思想的轉變時期，此時顏習齋雖批評程朱陸王，但仍將就程朱附之聖門；五十七歲南遊中州，看到「人人禪子，家家虛文」，從此判程朱與孔孟分為兩途，而認為「必破程朱，始入一分孔孟」，極力提倡實用之學，自成一家。梁啟超先生曾說：「習齋生平學凡四變，少年嘗治道家言，稍進學陸王，再進學程朱，皆用淬厲刻苦工夫有所得。中年以後，乃自創一派，專標唯用主義，排斥冥想講誦箋釋之學，實為二千年學術界一大革命。」[2]

顏習齋處於明清之交，正是「政治社會有深刻危機的時代」[3]，無論政治、學術的變動，均給予知識份子重大的衝擊。在政治方面，梁啟超先生說：「晚明政治之腐敗，達於極點，其結局，至舉數千年之禹域，魚爛以

2 參見梁啟超：《清代學風之地理分佈》（中華書局，民國六十二年二月台二版），頁 8。
3 余英時先生認為：特別是在政治社會有深刻的危機的時代，「經世致用」的觀念就會活躍起來，明末的東林運動，晚清的經世學派都是明顯的例子。清初處在天翻地覆之餘，儒家經世致用的觀念，又顯得非常活躍。參見〈清代思想史的一個新解釋〉，《歷史與思想》，頁 138。

奉他族，創鉅痛深，自古所未嘗有也。故瑰奇絕特，有血性之君子，咸惕然於『天下興亡，匹夫有責』，深覺夫講求實際應用的政論之不容已。此其由時勢所造成者。」[4]顏習齋的學術思想也是由於政治時勢激盪而興。就學術思潮而言，許多學者有感於晚明王學末流狂肆空疏之弊，於是反對空談，提倡經世致用之學，在這種學風之下，顏習齋更是一意講求致用，專以實學為倡。

　　顏習齋的學術思想能自成一派，絕非一朝頓悟，客觀環境的刺激固然重要，前人思想的觸發引導，師長友朋的啟迪鼓舞，以及本身學習過程的反省等等，都對其學術思想的形成有所影響。顏習齋吸收、融合前人的學說，如胡安定的注重實用，陳亮的講求事功，張載的以禮為重等，建構自己的主張。而顏習齋本身出入理學的體認，也奠定他批評宋明學術的基礎。雖然在學問上沒有直接師承，但顏習齋的交遊，如孫夏峰、刁文孝、王餘佑、王法乾、陸桴亭等人，對他的思想形成也有所啟迪。因此，緣於時勢與環境的衝擊，先賢哲人的啟發，顏習齋站在實用的立場，建立了個人獨特的哲學思想體系。

　　在對宇宙本體的詮釋上，顏習齋依據孔子罕言天道的觀點，雖然有他的一套宇宙論，但頗簡略。理氣之說是宋明儒學內部的根本問題，顏習齋也談理氣，企圖藉此一存有問題，對世界作一根源性的解釋。在「渾天地

---

4 參見梁啟超：《中國學術思想變遷之大勢》（中華書局，民國六十年十月台五版），頁 84。

間二氣四德化生萬物之圖」中，明確指出天道是陰陽未
判的氣之混沌體，認為「氣」是宇宙的本原，「理」則
是陰陽二氣的屬性，是萬物的客觀規律，而「理」包含
在「氣」之內，氣外無理，「理氣融為一片」而不相離，
兩者皆出於天命，均善無惡。進一步以理氣合一論性，
認為理氣在生成萬物的過程中共同發生作用，理以賦
性，氣以成形，因此反對以理氣分性為二，從而推導出
自己的人性論，也為他的人性論找到本體論的根據。

　　顏習齋論人性，認為孔子說「性相近，習相遠」和
孟子的性善說，語異而意同，習齋主張人性惟善無惡，
且氣質、情、才都是善的，「惡」則是由於「引蔽習染」
而成。如何正其習染，不為引蔽所誤，就必須以氣質用
力於習行六藝，置身在實事實物之中，使自己的形體習
動起來，以充分發揮人的本性，顏習齋說：「人之性命
氣質雖各有差等，而俱是此善，氣質正性命之作用，而
不可謂有惡，其所謂惡者，乃由『引蔽習染』四字為之也。
期使人知為絲毫之惡，皆自玷其光瑩之本體，極神聖之
善，始自充其固有之形骸。」[5]這段文字充分表現顏習齋
人性論的觀點，也可從中看出他對氣質與習行的重視。

　　在修養工夫方面，顏習齋主張以六府六藝之學存養
心性，在實事實物之中，正心修身，振起自濯，不因循
怠惰，時時以自新為念；強調身心道藝一致加功，藉束

5　見《存學編》卷一〈上太倉陸桴亭先生書〉，《顏李叢書》第一冊，
　　頁132。

身以斂心，時習力行，保其性而免於惡，展現有別於宋
儒由內而外的修養工夫。

在知識論上，顏習齋認為理在事中，窮理離不開事
物，更離不開習行，於是主張「習事見理」，通過親身
實踐，從而認識事物的規律、道理，這也就是「因行求
知」。顏習齋說：「行不及，知亦不及。」[6]強調知識得
之於習行，而把實際經驗看得比書本知識更重要。顏習
齋認為真正在生活中用得上的還是實踐中得來的知識，
甚至主張由實踐來檢驗知識的正確與否，體現了顏習齋
「行重於知」的思想。而顏習齋從重習行的認識論觀點
出發，對「格物致知」賦予新解，強調「犯手實做其事」
去獲得經驗、知識，貫徹了他注重習行實踐的精神。

基於務實的致用觀點，顏習齋對宋明儒的心性之學
提出極為強烈的批判，他反對以傳注訓詁為學，駁斥靜
坐的內省工夫，抨擊脫離實用的讀書與著述，認為那些
都是空虛、茫昧、逃避現實的學問，無益於身，無益世
用，所以說：「若只在書本上覓義理，雖亦羈縻此心，
不思別事，放卻書本即無理會。若直靜坐，勁使此心熟
於義理，又是甚難，況亦依舊無用。」[7]顏習齋在批評宋
明學術的同時，展現了自己的哲學思想。

---

6 顏習齋說：「若以孔門相較，朱子知行竟判兩途，知似過，行似不
　及，其實行不及，知亦不及。」見《存學編》卷三〈性理評〉，《顏
　李叢書》第一冊，頁 149。
7 見《存學編》卷四〈性理評〉，《顏李叢書》第一冊，頁 155。

　　而顏習齋的教育思想與經世主張，可說是其哲學思想的具體表現。顏習齋根據人性本善，而引蔽習染為惡的人性論，肯定了教育的可能性。只要肯立志用功，人人皆可成為堯舜。在知識論上明顯的實踐特徵，也是顏習齋論學的哲學基礎，強調以習行代替靜坐玄思，在具體事物上學習，以造就有實學實才的人。而顏習齋所要培養的有用人才，不僅在求人格的完美，還要求智能的充實，修治六德，實踐六行，學習六藝，以此為根本，「布六德六行六藝于天下」[8]，達到學以治平的目的。

　　顏習齋的經世致用之學，是面對時代困局的回應，也是他的思想在治世層面的展現與落實。顏習齋非常重視習行，不僅是為了個人道德的躬習實踐，更重要的是為了輔世澤民的經濟之學，本其「體聖學，舉聖法，追唐虞」[9]之志，主張兼重義利，正誼以謀利，明道而計功，恢復三代王道，提倡封建，推行均田，以兵農合一之制強國富民，以鄉里選舉之法拔擢人才。顏習齋的經世主張，實充滿復古的思想，而在此一經世思想中，仍然可以看到顏習齋重實用、重習行的立場。

　　顏習齋的哲學思想，在經世致用的目標主導下，更表現出許多值得矚目的特色與價值。顏習齋建立了以「求

8　王次亭問明德親民，顏習齋回答說：「修六德，行六行，習六藝，所以明也；布六德六行六藝于天下，所以親也。」見《年譜》卷下「辛未五十七歲」條，頁 79。
9　見《存治編‧濟時》，《顏李叢書》第一冊，頁 178。

實」為核心，以「習行」為根本，以「功利」為宗旨的實學思想體系。就氣質的作用言氣質，肯定人性本善，任何人只要經由自己的努力，都可以使自己的善性表現出來，進而成德、成學、成材，注重才情的顯揚，賦予氣質積極的意義，有助於個性的發展，自我理想的實現，造就進取有為的人生觀。而「習行」是顏習齋哲學思想的重要概念，習齋著重身體的習動，以踐形盡性；強調躬習實踐在認識中的重要作用與地位；而學問之道，也必須「習而行之」，「親下手一番」，肯定了躬行實踐的效用。再者，顏習齋深感理學空疏無用，誤國害民，於是在「普地狂潤泛濫東奔之時，不度勢、不量力，駕一葉之舟而欲挽其流」[10]，對宋明理學發動猛烈的攻勢，體現大無畏的批判精神。「崇實黜虛」的精神落實在經國濟世之上，即表現為各種經世思想與主張，顏習齋在政治、經濟、軍事及教育等方面，揭露當時的弊端，同時提出對治的改革方案，注重功利，強調致用，將經世致用的思想推到極致，彰顯了經世事功的價值。

　　然而，在對顏習齋的哲學思想作出肯定評價的同時，不可諱言的，顏習齋的思想主張，的確存在著許多缺失。顏習齋的學術思想，大多建立於對宋明儒學的反省與批評上，就整體而言，卻未能對其本身學術架構建立起明確、周密的思想體系，以至於在批評理學時，造

10　見《存性編》卷一〈性理評〉，《顏李叢書》第一冊，頁162。

成許多偏頗，如顏習齋強調躬行實踐，對理學末流以靜坐、收攝、徐行等工夫，確有針砭之效，但若就學論學，學問或在於求得真理，未必皆有具體的實用性[11]。

而顏習齋主張的六府三事三物之學，所依據的經典受到嚴重的懷疑，這對顏學的流傳與發展，產生負面的影響，也可看出顏習齋的思想未臻周延。在知識論上也存在著嚴重缺陷，顏習齋片面地跨大感性經驗，忽視理性認識的重要性，過分輕視書本理論知識。再者，顏習齋復古的傾向相當明顯，一意講求恢復三代的舊制故法，張方枘以入圓鑿，未能視時宜而有所變通，實難施行於當世。因此《四庫全書總目提要》記載：「夫古法之廢久矣！王道必因時勢，時勢既非，雖以神聖之智，藉帝王之權，亦不能強復，強復之，必亂天下。」[12]

雖然顏習齋的思想學說未極精嚴，在學術上的貢獻也不及顧、黃、王三大家，但無損其在初學術思潮中的地位。這個時期的學者，莫不以批評理學、提倡經世致用之學為己任，主張實學的進路，企圖矯正宋明理學的弊病。而顏習齋的思想集中而鮮明地反映了清初學術思潮的特徵，講求實功實利，在當時極具代表性，有其不可抹煞的價值與地位。

---

11 韋政通先生在〈顏習齋思想述評〉中批評：「這種思想，就學而言學，自有其不足處，因學問追求本身是超現實的。」見《東方雜誌》復刊第一卷第五期，頁 86。
12 見紀昀等：《四庫全書總目提要》，第十九冊，總頁 2005。

第二節 思想學說的流傳興衰

顏習齋的學說之所以流傳，實賴其弟子李恕谷、王崑繩的闡揚。方苞說：「余少聞燕南耆老，一為博野顏習齋，一為君之父蒙古（刁包）先生。平日皆尚質行，稽經道古。習齋無子，其論性、論學、論治之說，賴其徒李塨、王源，發揚震動於時。」[13]李恕谷以昌明顏學為己任，四處遊歷，廣交學界名士，使顏學受到廟朝公卿的重視；王崑繩更由於恕谷的影響，以五十六歲老名士親拜於習齋門下，成為顏學一派中的有力人物。程廷祚、惲皋聞等也因恕谷而投為顏門弟子[14]。大約在康熙末雍正初年間，顏李學說有較大的流通性，產生了一定的影響，當時的記載也反映這種情況，如陶窳曾說：「顏李之學數十年來，海內靡然從風。」[15]張伯行也說顏學「四方響和者，方靡然不知所止」[16]。到了顏習齋再傳弟子程廷祚的時代，清廷政治力量穩固，在思想上確立

---

13 見方苞：《方望溪全集》卷十三〈刁征君墓表〉（台北：世界書局，民國四十九年），頁 184。
14 有關顏習齋重要弟子李恕谷、王崑繩、程廷祚、惲皋聞等人的生平及其學術思想，可參考張西堂：《顏習齋學譜》，頁 111-184；以及陳登原：《顏習齋哲學思想述》，頁 170-181。
15 陶氏之說見《秦關稿序》，轉引自姜廣輝：《走出理學》，頁 225。
16 見張伯行：《正誼堂文集》卷九〈論學〉（台北：藝文印書館，《百部叢書集成》之廿六〈正誼堂全書〉）。

朱學獨尊的格局，而嚴加約束[17]。程廷祚雖私淑顏李之說，繼承顏學思想傳統，對宋學、漢學皆予反對[18]。然而處在當時的政治環境下，也不敢公開宣揚顏李學說，而且勢孤力薄，無法產生很大的影響。惲臯聞則未得志於當時，晚歸常州，為一鄉祭酒，僅有故家子弟從遊而已。因此，在程廷祚之後的百餘年間，顏習齋的學說可以說完全淹沒在漢學鼎盛的思想界[19]。

　　顏習齋的學術主張，除了本身思想的缺失之外，外緣條件也是造成顏學中道而衰的因素[20]。清初，程朱學派受到朝廷的支持，其中又以朱子勢力最為顯盛。自元仁宗皇慶二年詔行科舉後，考試內容大部分採用朱學，朱子既獲君主推崇，又能予人以名利之獎誘，天下士子

---

17 自康熙五十年（西元一七一一年）起，文字獄迭興。到雍正七年（西元一七二九年），御史謝濟世以注釋《大學》，毀謗程朱獲罪。乾隆六年（西元一七四一年）上諭：將謝濟世所注經書中，有明顯與程朱牴牾者，即行銷毀。參見姜廣輝：《走出理學》，頁 255-256。

18 戴望《顏氏學記》卷九記載，程廷祚曾說：「墨守宋學者非，墨守漢學者尤非。」見頁 435。

19 錢穆先生說：「習齋論學……，一傳為恕谷，於習齋精神已有漏走，已見散漫，自習行轉入考究，則以後三百年漢學考據訓詁之說也；自經濟轉及存養，則以前七百年宋學心性靜敬之教也。宋學既不能振拔，故存養一端，終歸冷落，而考據遂成獨步，顏學亦自此消失矣。」見《中國近三百年學術史》上冊，頁 219。就時代而言，習齋卒於康熙四十三年，其時考據學風未臻興盛；恕谷活躍於康熙後葉與雍正年間，此時考據學風漸興；程廷祚活躍於雍正乾隆之間，當其卒時，乃乾隆三十二年，正值考據學風鼎盛之時。

20 參見林晉士：〈淺析顏學中衰之原因〉，《鵝湖月刊》第二〇卷第八期（總號第二三六），頁 20-29。該文從內在理路與外在因素兩方面，探討顏學中道而衰的原因。

皆靡然而從之。顏習齋公然批評程朱，抨擊朱子尤為激烈，一傳至李恕谷，尚能繼承習齋的方向，與程朱之學明顯對立[21]。恕谷晚年，正值雍正年間，對思想界的控制更形嚴酷，至程廷祚時，不敢再公開宣傳顏學。而且「元道太刻苦，類墨氏，傳者卒稀，非久遂中絕」[22]。

　　經世之學必須要能與世消息，作實際的施行，否則也是紙上文字，口頭言語，梁啟超先生說：「當時經世學派之昌，由於諸大師之志存匡復，諸大師始終不為清廷所用，固已大受猜忌；其後文字獄頻興，學者漸惴惴不自保，凡學術之觸時諱者，不敢相講習。然英挺之士，其聰明才力，終不能無所用也，詮釋故訓，究索名物，真所謂『於世無患，與人無爭』，學者可以自藏焉。又所謂經世之務者，固當與時消息，過時焉則不適用，治此學者既未能立見推行，則藏諸名山，終不免成為一種空論。等是空論，則浮薄之士，何嘗不可勦說以自附？附者眾則亂真而見厭矣，故乾嘉以降，此派衰熄。」[23]顏習齋的思想歸結於經世致用，但格於當時政治形勢，並

21　李恕谷在《大學辨案》卷三曾同時批評朱子與陸王：「不知不先下　　學，所謂上達非上達也。非大體也，皆佛氏之空幻耳。」又批評　　程朱諸儒：「于所謂存心養性者，又雜以靜坐內視，浸淫釋老，將　　孔門不輕與人言，一貫性天之教，一概乖反。」見《恕谷年譜》　　卷二。

22　參見侯外廬：《中國思想通史》第五卷，頁 374。梁啟超先生在《清　　代學術概論》中也提到：「顏李之力行派陳義過高，然未免如莊子　　評墨子所云『其道大觳，恐天下不堪』。」頁 47。

23　參見梁啟超：《清代學術概論》，頁 48-49。

未能實踐經世濟民的理想，終不免託諸空言，正如余英時先生所說：「顏李的經世致用，必須和政治外緣結合，才真正能發揮作用，而事實上，我們知道，這個外緣條件對顏李來說是根本不存在的。李恕谷雖一生南北奔走，但是也始終沒有找到有力的支持來實現社會改革的理想。」[24]

顏習齋的思想學說，三傳無人，以致學派中衰。同治年間，戴望廣求顏李遺著，已極為困難，舉顏李姓氏，人多不知。然而其「實事求是」，卻已成為清代學術思想的主流，所以梁啟超先生說：「其學頗有類於懷疑派，而事事躬行之，物物而肆之，以求其是。……雍、乾以後，學者莫或稱習齋，然顧頗用習齋之術。」[25]因此，清代自雍正、乾隆後的學術思想雖不可說直接受顏習齋的影響，然其為清代學術啟蒙時期的先導大師之一，間接開啟學術的新途徑，是不容置疑的[26]。

顏習齋的思想再受到重視，已是清末民初的事，一些知識份子痛感國家政治腐敗，主張變法自強，需要一種溝通中西學術的理論，復推崇顏李思想，劉師培先生說：「近世以來，中土士庶惕於強權，並震於泰西科學，

24 參見余英時：〈清代思想史的一個新解釋〉，《歷史與思想》，頁 140。
25 參見梁啟超：《中國學術思想變遷之大勢》，頁 82-83。
26 參見楊培桂：〈清初樸學之啟蒙大師〉，《銘傳學報》第二十三期（一九八六年三月），頁 499-512。梁啟超先生在《清代學術概論》中，分思潮流傳為四期：一是啟蒙期，二是全盛期，三是蛻分期，四是衰落期。顧、黃、王、顏即清代學術啟蒙時期的代表人物，見該書頁 318。

以為顏氏施教,旁及水火工虞,略近西洋之致用;而貴兵之論,又足矯怯弱之風,乃尊崇其術,以為可見施行。」[27]而梁啟超主講湖南時務學堂時,對顏李學派甚為推崇,在日本期間,特將顏李學說介紹給日本學術界,對顏李思想給予很高的評價,標舉顏習齋的思想是「實踐實用主義」,和當時被視為科學精神具體展現的杜威思想比較,顏習齋的思想更有深度,更有內涵[28]。民國初年,更有當時的大總統徐世昌為首,成立四存學會,並將顏李從祀於孔廟。顏李學說的復興,可能有其政治上的原因[29]。然而顏李思想受到當時學術界人士的注目,卻也是事實。

第三節 顏學研究的現代意義

當時代文化衰微的時候,總有哲人憂國憂民,指陳時弊,而顏習齋是怎樣面對時代問題作一種反響,同時現實環境又是如何影響到他?站在習齋的立場,還原其心境,經由瞭解與批評,除了能給予理性的闡釋之外,

---

27 見劉師培:〈非六子論〉,轉引自姜廣輝:《走出理學》,頁 257。
28 參見梁啟超:〈顏李學派與現代教育思潮〉,《東方雜誌》第二十一卷紀念號(民國十三年一月廿五日),頁 1-18。
29 清遺老劉聲木:《萇楚齋隨筆》卷六,對於顏李學說盛傳,與孔孟爭烈的情形大為不滿,認為徐世昌此舉是借古人以自尊,因顏李皆直隸省人,與徐君同省。參見姜廣輝:《走出理學》,頁 258。

更可以將顏習齋思想的價值與意義揭露出來，而對其思想學說作批判的繼承。

顏習齋處在一般學者流於空談性理的時代，慨然提出追求實踐的主張，雖不免高亢言躁，其用心良苦，針對時弊，大聲疾呼，確實有發聲振聵之效。對照泛論形上課題而言，他緊扣了客觀世界的具體分析；對照騁思空無的哲理而言，他深入了人倫社會的存在感受；對照追撲利祿虛文而言，更彰顯了反身實踐的人生哲理[30]。姑且不論思想學說的是非精粗，顏習齋排斥虛妄、勇於批評、力行不息，以及積極用世的精神，是值得肯定與學習的。顏習齋以自身的體驗，正面肯定人性的價值，使人有信念自主地去充實善，去實現善，更突出了人生實踐的意義。

然而任一哲學體系都不可能鉅細靡遺，毫無差誤，但是，即使是思想缺失，也能從中獲得啟示。就顏習齋的思想學說而言，我們並不排斥功利價值，卻反對功利主義凌駕於仁義道德之上，而以功利權益為行事的唯一指導；顏習齋拘執古制而昧於潮流的作法，也應作為借鏡，不苛求細節形式的法古，扣緊時代的脈搏，將歷史與現實結合起來，將繼承與創新結合起來，重新擷取原有的文化資源，重新給予傳統學問新的生命，才能適應新時代的變局。

---

30 參見杜維明：〈實學的含意〉，《儒家自我意識的反思》（聯經出版事業公司，民國八十年十月二版），頁 87。

　　透過對顏習齋哲學思想的討論與反省，可進一步探索清初經世實學思想，再反思宋明理學的價值，逐步對中國哲學有全面的了解與深切的體悟。

　　哲學的精神就是創造，哲學的活動就是一種創造的思考與反省，我們不能固死在某一面，固守著一些形式[31]。而思想是多元的，是可以相互攻錯、相互補益的，認真研究古代的哲學，對前人思想有相應的感受，進而從高處、深處去體會、融合前人的智慧結晶，珍視前人留下的寶貴精神資糧與思想遺產，為現代社會所面臨價值失落與人性喪失的問題，提供解決之道，使先賢先哲的智慧，在現代發出應有的光輝。

---

31 參見成中英：《中國哲學的現代化與世界化》（聯經出版事業公司，民國八十三年五月初版三刷），頁四〇。馮耀明先生也說：「哲學是一種發展性的思考活動，它根本不可能也不需要設定任何理想的結局。」見《中國哲學的方法論問題》，頁 13。

參考書目

一、專　著

（一）顏元著作及相關研究

顏元：《存治篇》（《顏李叢書》），台北：廣文書局，1989 年。

顏元：《存性篇》（《顏李叢書》），台北：廣文書局，1989 年。

顏元：《存學篇》（《顏李叢書》），台北：廣文書局，1989 年。

顏元：《存人篇》（《顏李叢書》），台北：廣文書局，1989 年。

顏元：《四書正誤》（《顏李叢書》），台北：廣文書局，1989 年。

顏元：《朱子語類評》（《顏李叢書》），台北：廣文書局，1989 年。

顏元：《習齋四存編》，上海：上海古籍出版社，2000 年。

李恕谷（王源校訂）：《顏元年譜》，北京：中華書局，1987 年。

鍾錂：《習齋記餘》，台北：廣文書局，1989 年。

鍾錂：《顏習齋先生言行錄》，台北：廣文書局，1989 年。

鍾錂：《顏習齋先生闢異錄》，台北：廣文書局，1989 年。

戴望：《顏氏學記》，台北：臺灣商務印書館，1970 年。

王春陽：《顏李學形成與傳播研究》，濟南：齊魯書社，
　　2008 年。

徐世昌：《顏李師承記》，台北：文海出版社，1971 年。

姜廣輝：《顏李學派》，北京：中國社會科學出版社，
　　1987 年。

張西堂：《顏習齋學譜》，台北：明文書局，1994 年。

陳登原：《顏習齋哲學思想述》，上海：東方出版中心，
　　1989 年。

鄭世興：《顏習齋和杜威哲學及教育思想的比較研究》，
　　台北：中央文物供應社，1984 年。

（二）明清思想相關研究

王俊義‧黃愛平：《清代學術與文化》，瀋陽：遼寧教
　　育出版社，1993 年。

何冠彪：《明末清初學術思想研究》，台北：學生書局，
　　1991 年。

朱葵菊：《中國歷代思想史 ── 清代卷》，台北：文津
　　出版社，1993 年。

朱義祿：《逝去的啟蒙 ── 明清之際啟蒙學者的文化心
　　態》，河南：河南人民出版社，1995 年。

李紀祥：《明末清初儒學之發展》，台北：文津出版社，1992 年。

林聰舜：《明清之際儒家思想的變遷與發展》，台北：臺灣學生書局，1990 年。

胡楚生：《清代學術史研究》，台北：臺灣學生書局，1993 年。

姜廣輝：《走出理學 ── 清代思想發展的內在理路》，瀋陽：遼寧教育出版社，1997 年。

馬積高：《清代學術思想的變遷與文學》，長沙：湖南人民出版社，2002 年。

陳祖武：《清初學術思辨錄》，北京：中國社會科學出版社，1992 年。

梁啟超：《清代學術概論》，台北：臺灣商務印書館，1985 年。

梁啟超：《中國近三百年學術史》，台北：華正書局，1994 年。

陸寶千：《清代思想史》，台北：廣文書局，1978 年。

陳鼓應・辛冠潔等編：《明清實學簡史》，北京：社會科學文獻出版社，1994 年。

錢穆：《中國近三百年學術史》，台北：臺灣商務印書館，1966 年。

龔鵬程：《晚明思潮》，台北：里仁書局，1994 年。

（三）中國哲學思想相關研究

方立天：《中國古代哲學問題發展史》，台北：洪葉文
　　化事業有限公司，1995 年。

吳怡：《中國哲學發展史》，台北：三民書局，2009 年。

吳怡：《中國哲學的生命與方法》，台北：東大圖書公
　　司，1984 年。

吳康：《哲學大綱》，台北：臺灣商務印書館，1980 年。

牟宗三：《中國哲學的特質》，台北：臺灣學生書局，
　　1975 年。

成中英：《中國哲學的現代化與世界化》，台北：聯經
　　出版事業公司，1985 年。

周世輔：《中國哲學史》，台北：三民書局，1993 年。

林尹：《中國學術思想史大綱》，台北：臺灣學生書局，
　　1953 年。

侯外廬：《中國思想通史》，北京：人民出版社，1980
　　年版。

韋政通：《中國思想史》，台北：水牛出版社，1994 年。

徐復觀：《中國人性論史》，台北：臺灣商務印書館，
　　1984 年。

張立文編：《中國哲學範疇精選叢書〈一〉道》，台北：
　　漢興書局有限公司，1994 年。

張立文編：《中國哲學範疇精選叢書〈二〉理》，台北：
　　漢興書局有限公司，1994 年。

張立文編：《中國哲學範疇精選叢書〈三〉氣》，台北：
　　漢興書局有限公司，1994 年。

張立文：《中國哲學範疇史 ── 人道篇》，台北：五南
　　圖書出版有限公司，1997 年。

梁啟超：《中國學術思想變遷之大勢》，台北：臺灣中
　　華書局，1956 年。

勞思光：《新編中國哲學史》，台北：三民書局，1988 年。

馮友蘭：《中國哲學簡史》，北京：人民出版社，1983
　　年修訂本。馮友蘭：《中國哲學史新編》，台北：
　　藍燈文化事業公司，1991 年。

馮耀明：《中國哲學的方法論問題》，台北：允晨文化
　　實業有限公司，1989 年。

葛榮晉（編）：《中國實學思想史》，北京：首都師範
　　大學出版社，1994 年。

楊承彬：《中國知行學說研究》，台北：臺灣商務印書
　　館，1978 年。

錢穆：《中國思想史》，台北：臺灣學生書局，1983 年。

劉蔚華、趙宗正編：《中國儒家學術思想史》，山東：
　　山東教育出版社，1996 年。

二、論　文

（一）學位論文

呂金龍：《顏習齋之學術思想及其四存編研究》，華梵

大學東方人文思想研究所碩論 2003 年 6 月。

李瀅婷：《顏元學術思想研究》，臺灣大學中國文學研究所碩士論文 2001 年 6 月。

阮華風：《明末清初學術的轉折 ── 以顏元思想為例》，國立中興學系碩論 2004 年 6 月。

張振東：《四存哲學批判》，輔仁大學哲學研究所碩士論文 1963 年 6 月。

高太植：《顏元的經世思想》，政治大學政治研究所碩士論文 1989 年 6 月。

黃建一：《顏習齋的哲學及教育思想》，中國文化大學哲學研究所碩士論文 1972 年 6 月。

黃順益：《顏習齋對儒學的反省與批判》，高雄師範學院國文研究所碩士論文 1988 年 6 月。

曾素貞：《顏元的四書學研究》，政治大學中國文學研究所碩士論文 1996 年 6 月。

楊冬生：《顏習齋的思想》，臺灣大學中國文學研究所碩士論文 1973 年 6 月。

楊瑞松：《顏元的生平與思想》，清華大學歷史研究所碩士論文 1989 年 6 月。

葉緬華：《顏元「四存論」的思想探究》，輔仁大學哲學系碩士在職專班碩士論文 2014 年 6 月。

廖本聖：《顏李學的形成》，東海大學歷史研究所碩士論文 1997 年 6 月。

（二）期刊論文

王恢：〈實踐大師顏習齋〉，《人生》第 11 卷第 9 期，
　　1956 年 3 月。

王新春：〈顏習齋所挺顯的實學進路〉，《孔孟學報》
　　第 68 期，1994 年 9 月。

王詩評：〈論顏元事功思想中的「事物之學」〉，《北
　　市大語文學報》第 12 期，2014 年 12 月。

成惕軒：〈顏習齋的力行精神〉，《革命思想》第 17
　　卷第 3 期，1964 年 9 月。

宋哲：〈顏李學說評述〉，《新天地》第 4 卷第 3 期，
　　1965 年 5 月。

何佑森：〈顏習齋和李恕谷的學術異同〉，《文史哲學
　　報》第 18 期，1969 年 5 月。

何佑森：〈明末清初的實學〉，《台大中文學報》第 4
　　期，1991 年 6 月。

李貴榮：〈顏習齋復古思想初探〉，《台南家專學報》
　　第 8 期，1989 年 5 月。

李貴榮：〈試論顏習齋思想之轉變〉，《台南家專學報》
　　第 9 期，1990 年 5 月。

李貴榮：〈顏習齋之人論、文論與史論〉，《台南家專
　　學報》第 10 期，1991 年 5 月。

李貴榮：〈顏習齋之師承與交遊〉，《中國國學》第 20
　　期，1992 年 1 月。

李道湘：〈論顏元宇宙論的實質〉，《中國哲學史》第
　　5 期，1987 年 9 月。

林保淳：〈論習齋所存之學〉，《孔孟月刊》第 24 卷第
　　5 期，1986 年 1 月。

林晉士：〈顏習齋之人性論述評〉，《孔孟月刊》第 33
　　卷第 1 期，1994 年 9 月。

林晉士：〈淺析顏學中衰之原因〉，《鵝湖月刊》第 20
　　卷第 8 期，1995 年 2 月。

胡楚生：〈朱一新論顏學之基本缺失〉，《中國學術年
　　刊》第 9 期，1985 年 3 月。

高莉芬：〈論顏習齋先生之存學〉，《孔孟月刊》第 25
　　卷第 4 期，1986 年 12 月。

徐云望：〈論顏元的哲學變革〉，《上海大學學報》第
　　5 期，1995 年 5 月。

徐云望：〈論顏元的實學思想〉，《中國哲學史》第 1
　　期，1996 年 2 月。

韋政通：〈顏習齋與宋明儒學的異同〉，《人生》第 12
　　卷第 2 期，1956 年 3 月。

韋政通：〈顏李學研究〉，《人生》第 23 卷第 2 期，1961
　　年 12 月。

韋政通：〈顏習齋駁宋儒氣與性惡說平議〉，《人生》
　　第 23 卷第 5 期，1962 年 1 月。

韋政通：〈顏李學之結局〉，《人生》第 23 卷第 8 期，
　　1962 年 3 月。

韋政通：〈顏習齋思想述評〉，《東方雜誌》復刊第 1
　　卷第 5 期，1967 年 11 月。

馬序：〈論顏元哲學的二重化本體論〉，《中國哲學史
　　研究》第 4 期，1987 年 5 月。

盛邦和：〈論顏元的新價值觀〉，《河北學刊》第 2 期，
　　1997 年。

郭淑云：〈顏元對宋明理學的批判及其特點〉，《中國
　　哲學史研究》第 7 期，1987 年 11 月。

黃順益：〈顏習齋對儒學的反省與批判〉，《孔孟月刊》
　　第 28 卷第 7 期，1990 年 3 月。

黃源典：〈顏習齋之習行哲學〉，《南台工商專校學報》
　　第 20 期，1994 年 11 月。

黃滿造：〈顏習齋之習行思想〉，《中華學苑》第 4 期，
　　1996 年 2 月。

黃美華：〈孔孟程朱隔代異堂 ── 顏元對宋儒的批判與
　　反省〉，《中興大學中文研究生論文集（二）》，
　　1997 年 9 月。

曾素貞：〈顏元「鄉三物」和「六府三事」試析〉，《哲
　　學與文化》第 24 卷第 2 期，1997 年 2 月。

張武：〈論顏李學派的思想特徵及其形成〉，《哲學研
　　究》第 4 期，1988 年。

張麗珠：〈清代新思想典範之曙光 ── 以陳確、唐甄、
　　顏元為線索〉，《文與哲》第 16 期，2010 年 6 月。

楊淨雯：〈顏元學習觀探析 ── 兼與顧炎武實學說比較〉，

《輔仁大學中研所學刊》第 14 期，2004 年 9 月。

鄭春慧：〈顏李學派勞動教育思想初探〉，《河北師範大學學報》第 2 期，1998 年 8 月。

蔡家和：〈顏習齋論氣質之性 —— 以《習齋四存》篇為例〉，《東海哲學研究集刊》第 11 輯，2006 年 7 月。

鮑國順：〈顏習齋「孔孟程朱判然兩途」述論〉，《第四屆清代學術研討會論文》，1995 年 11 月。

羅光：〈顏元的哲學思想〉，《哲學與文化》第 8 卷第 5 期，1981 年 5 月。